Auxiliando a humanidade a encontrar a Verdade

A DESENCARNAÇÃO DOS ANIMAIS

© 2011 — Janete Marie Monteiro Figueiredo

A Desencarnação dos Animais
Fabrício

Todos os direitos desta edição
reservados à
CONHECIMENTO EDITORIAL LTDA.
Rua Prof. Paulo Chaves, 276 - Vila Teixeira Marques
CEP 13480-970 — Limeira — SP
Fone/Fax: 19 3451-5440
www.edconhecimento.com.br
vendas@edconhecimento.com.br

Nos termos da lei que resguarda os direitos autorais, é proibida a reprodução total ou parcial, de qualquer forma ou por qualquer meio — eletrônico ou mecânico, inclusive por processos xerográficos, de fotocópia e de gravação —, sem permissão, por escrito, do Editor.

Edição de texto: Margareth Rose Fonseca Carvalho
Revisão de conteúdo: Mariléa de Castro
Projeto Gráfico: Sérgio Carvalho
Ilustração da Capa: Banco de Imagens

ISBN 85-7618-220-7 — 1ª Edição - 2011

• Impresso no Brasil • *Presita en Brazilo*

Produzido no departamento editorial da
CONHECIMENTO EDITORIAL LTDA

Impresso na

a gráfica digital da **EDITORA DO CONHECIMENTO**

Dados Internacionais de Catalogação na Publicação (CIP)
(Câmara Brasileira do Livro, SP, Brasil)

Fabrício (espírito)
 A Desencarnação dos Animais / Fabrício [psicografado por Janete Marie Monteiro Figueiredo] — Limeira, SP : Editora do Conhecimento — 1ª ed., 2011.

 ISBN 978-85-7618-220-7

 1. Animais - Aspectos religiosos 2. Espiritismo 3. Morte (Espiritismo) 4. Reencarnação 5. I. Figueiredo, Janete Marie Monteiro. II. Título.

11-01826   CDD — 133.9

Índice para catálogo sistemático:
1. Animais : Aspectos religiosos : Espiritismo 133.9

FABRÍCIO

A DESENCARNAÇÃO DOS ANIMAIS

Psicografado por
Janete Marie Monteiro Figueiredo

1ª edição
2011

Haverá um dia em que o homem conhecerá o íntimo dos animais. Nesse dia então, todo crime cometido contra um animal será considerado um crime contra a humanidade.

LEONARDO DA VINCI

Em seu comportamento com os animais, todos os homens são nazistas.

ISAAC BASHEVIS SINGER

Todos aqueles que amam os animais, todos, sem exceção, evitando que sejam maltratados, desprezados, abandonados, humilhados ou mortos para consumo ou crueldade, são verdadeiros anjos na Terra.

JANETE MARIE MONTEIRO FIGUEIREDO

Este livro é dedicado a todos os animais sofridos, humilhados e abandonados pelo homem.

Fabrício

Com todo amor e saudade, aos meus queridos amiguinhos que já se foram: Catita, Lady, Kika, Kissy, Tico, Kiko, Diana, Teca, Xuxinha e Buba.
Eles vieram ao mundo para encantar, e jamais serão esquecidos.

A médium

Introdução

A Desencarnação dos Animais é um livro realista, que descreve com simplicidade e clareza o socorro aos nossos irmãozinhos menores após o desencarne, principalmente nos matadouros. Trata-se de um relato mágico, de profunda sensibilidade, acerca de um assunto sobre o qual nunca se escreveu. É, portanto, uma obra de imensa ajuda para aqueles que ainda não se conscientizaram que matar animais é um ato de crueldade, pois nosso dever, como filhos de Deus, é amar todas as espécies, colaborando para a sua evolução.

Muitos livros têm sido escritos sobre animais domésticos, mas e quanto às outras espécies? O que acontece com elas quando morrem? E o desencarne dos répteis, dos insetos, bem como de todos os que habitam a biosfera, os mares, os rios, os lagos e as águas subterrâneas? Sabemos que setenta por cento da superfície terrestre é coberta por água, dos quais fazem parte os oceanos, que possuem a maior biodiversidade de nosso planeta. Se uma criança pergunta ao pai para onde vai o peixinho que ela o viu pescar, é quase certo que ele responda: "Para o Céu". Mas como as milhões de espécies marinhas capturadas todos os dias vão para lá? Muitas pessoas dirão que são almas-grupo. Sim, mas onde ficam essas almas-grupo? Em que plano permanecem até o próximo reencarne, se são toneladas a serem consumidas pelo homem? E os insetos, e a menor das formigas do açucareiro, os mosquitos, as lagartixas, as minhocas e borboletas? E todos os demais seres, tão pequeninos? Que importância tem cada um?

Foi a partir desses questionamentos que o jovem médico-veterinário Fabrício resolveu trabalhar como socorrista espiritual de animais abandonados e maltratados. Juntamente com os amigos Laís e Lívio, ele segue para os matadouros a fim de ajudar no desencarne desses animais. Mas não pensem que iremos relatar aqui a crueldade praticada contra esses seres da Criação. Pelo contrário, mostraremos que, apesar do horror do holocausto a que são submetidos pelos homens, esses socorristas levam-lhes amor e aconchego, mostrando o quanto são felizes após o desenlace cruel.

Muitos dos leitores se surpreenderão ao saber que o *Celeiro dos Anjos* é uma colônia espiritual localizada na contraparte etérica da biosfera terrestre,[1] sobre o estado do Rio de Janeiro. A biosfera é o conjunto de regiões do planeta onde existe vida. Seus limites vão dos picos das mais altas montanhas até as profundezas das fossas abismais marinhas, que compõem a hidrosfera.

---

1 A biosfera terrestre é composta de uma fina camada de ar, água e terra. Seus limites extremos vão de 10.000 metros de profundidade da crosta até 10.000 metros de altitude, aproximadamente.

Sua espessura chega a vinte quilômetros, podendo portanto ser considerada como uma estreita lâmina que envolve a Terra. Se compararmos essa espessura com o diâmetro total do planeta, que é de 12.752 quilômetros, ela seria como uma folha de papel.

A maioria dos seres vivos da biosfera vive em regiões até cinco mil metros acima do nível do mar, embora já se tenha encontrado uma aranha vivendo no Monte Everest, a sete mil metros de altitude. No mar, a maioria dos seres vivos habita a faixa que vai da superfície até cento e cinquenta metros, embora se saiba que espécies de animais e bactérias vivam a mais de nove mil metros de profundidade.

Muitas pessoas pensam que as colônias espirituais estão muito acima do Umbral. Geralmente é assim, mas não no que se refere aos animais.

Vocês sabiam, por exemplo, que acima de cada hospital da Terra há um outro destinado a socorrer os doentes que desencarnam e são levados para outra dimensão? Sim, eles existem e ficam na contraparte etérica da crosta. Assim, por mais incrível que possa parecer, os animais, quando desencarnam, permanecem na biosfera e depois reencarnam. Seria muito complexo para essas milhares de "alminhas" que habitam nosso planeta serem deslocadas para longe da biosfera e retornar de lá logo em seguida. Por isso Allan Kardec disse, em *O Livro dos Espíritos*:

> 600 – A alma do animal, sobrevivendo ao corpo, fica num estado errante como a do homem?
> – Fica numa espécie de erraticidade, pois

não está unida a um corpo. Mas não é um espírito errante. O espírito errante é um ser que pensa e age por sua livre vontade: o dos animais não tem a mesma faculdade. É a consciência de si mesmo que constitui o atributo principal do espírito. O espírito do animal é classificado, após a morte, pelos espíritos incumbidos disso e utilizado quase imediatamente: não dispõe de tempo para se pôr em relação com outras criaturas.

Kardec relatou ainda na *Revista Espírita*, editada em janeiro de 1861:

> Sabe-se que não há espíritos de animais errantes no mundo invisível e que, consequentemente, não pode haver aparições de animais, salvo o caso em que um espírito fizesse surgir uma aparência desse gênero, com um objetivo determinado, o que não passaria, sempre, de uma aparência, e não o espírito real de tal ou qual animal. O fato das aparições é incontestável, mas é preciso guardar-se de vê-las em toda parte e de tomar tais o jogo de certas imaginações facilmente exaltáveis, ou a visão retrospectiva das imagens estampadas no cérebro.

Contudo, os leitores dirão que há, em alguns livros, citações sobre animais que habitam colônias espirituais, como pássaros, cachorros, gatos, entre outros. Há sim, porque tudo pode ser plasmado, e porque é aprazível vê-los entre nós para alegrar os desencarnados que sentem falta desses irmãozinhos. Mas a maioria deles fica na biosfera, na dimensão espiritual.

Esperamos que esta singela obra, além de elucidar a verdade sobre o desencarne das espécies animais, possa proporcionar uma reflexão maior àqueles que por acaso os maltratem.

Atanael
Chefe-guardião do *Celeiro dos Anjos*

Lagoa Rodrigues de Freitas, Rio de Janeiro, 1976

A compaixão pelos animais está intimamente ligada à bondade de caráter. Assim, pode-se afirmar seguramente que quem é cruel com os animais não pode ser um bom homem.

Arthur Schopenhauer

Eu vinha de madrugada pela Lagoa, quando meu carro se desgovernou e acabou por capotar várias vezes, até bater numa árvore. Então, me vi fora do corpo. Como era madrugada, não havia ninguém por perto, tudo estava deserto. De repente, olhei para o lado e avistei um senhor que aparentava quase setenta anos. Estava bem-vestido; tinha um semblante sereno. Eu não conseguia entender o que se passava comigo, pois via meu corpo dentro do carro, entre as ferragens, e ao mesmo tempo estava ali, de pé, observando tudo, sem sentir dor alguma. Não conseguia coordenar as ideias, até que de repente passou um carro e parou. Depois, vieram outros, e me senti ainda mais confuso. Como era médico-veterinário, sabia que algo estava errado; só não atinava o quê. Então, quando me sentei na calçada, ouvi um rapaz dizer que eu estava morto. Fiquei apavorado e corri para explicar que ele estava enganado, pois eu estava ali, vivo. Mas ninguém me via ou me ouvia.

Pouco depois, apareceu o carro do Corpo de Bombeiros. Atordoado, me aproximei de meu próprio corpo e ali fiquei, o mais próximo que pude. Um dos bombeiros chamou o colega e retirou os documentos que estavam no bolso de minha calça, o que me deu uma sensação estranha, porque, apesar de não estar sentindo nada fisicamente, via tudo aquilo sem nada poder fazer. Era algo realmente inusitado.

Foi quando então aquele senhor aproximou-se de mim e disse, num tom paternal:

– Fabrício, não se preocupe com o que você está vendo. Tudo vai ficar bem. Venha comigo!

Estranhei, mas, como ele conseguia me ver e ouvir, fiquei mais calmo e perguntei:

– O que está acontecendo? Veja, estou aqui e também ali? Eu sei que não estou morto, e no entanto meu corpo está lá, entre as ferragens.

– Fabrício, venha comigo e lhe explicarei melhor o que está acontecendo.

– Como posso ir se estou também ali? Por que dizem que estou morto, se estou aqui, vivo, falando com o senhor?

– Acalme-se e venha! Vamos para um lugar onde conseguirá entender tudo.

Eu não queria acompanhar aquele senhor, mas senti um leve torpor e não vi mais nada. Quando acordei, estava num quarto muito aconchegante. Não demorei a perceber que tratava-se

> A vivissecção é o pior de todos os piores crimes que o homem está cometendo atualmente contra Deus e Sua bela criação.
>
> *Mahatma Gandi*

de um hospital. Pensei: "Bati o carro e me trouxeram para cá. Aquilo deve ter sido só um pesadelo. Ainda bem!".

Eu tinha apenas vinte e sete anos; me formara havia três anos e era noivo; pensava em me casar. "Nossa, que susto! Será que já avisaram meus familiares?". Foi quando aquele senhor entrou, com um olhar sereno. Fiquei mais tranquilo ao vê-lo e perguntei:

– Que bom que apareceu! Estou preocupado com minha família, com minha noiva. Quando é que eles vêm me ver? Acho que posso ter alta, já que não estou machucado; pelo contrário, me sinto muito bem.

Ele sorriu e disse carinhosamente:

– Olá, Fabrício! Meu nome é Pedro. Estive aqui várias vezes para vê-lo, mas sabia que teria de repousar por algum tempo.

Sentei-me na cama e respondi:

– Estou bem, mas por que repousar se não sofri nenhum arranhão?

– Bem, fui incumbido de orientá-lo depois do acidente. Só quero que você fique tranquilo e me escute com calma, pois preciso esclarecer-lhe algumas coisas.

– Mas que coisas? Eu não vinha com ninguém dentro do carro. E depois, sei que ele deve

O justo olha pela vida de seus animais;
porém as entranhas dos ímpios são cruéis.

Provérbios (12:10)

ter ficado muito danificado, mas isso para mim é o de menos. Minha vida, sim, é valiosa. Veja, estou bem, nada me aconteceu! Será que o senhor está querendo me dizer que meus pais passaram mal com meu acidente? É isso?

— Acalme-me, Fabrício! Apesar de tudo, seus pais estão bem. Acho que você ainda não entendeu... Por isso eu estava ao seu lado, quando houve o acidente. Lembra-se disso?

— Sim, me lembro. Mas eu achava que era um sonho, ou um pesadelo, pois vi meu corpo entre as ferragens.

— Sinto muito lhe dizer, Fabrício, que não foi um sonho, nem um pesadelo. Aconteceu!

— Aconteceu o quê? Não estou entendendo. Afinal, o que o senhor está querendo me dizer?

— Fabrício, você está muito ansioso. Pense em Deus e fique tranquilo. Você está bem e assim permanecerá.

— Não estou entendendo onde o senhor quer chegar. Afinal, o que aconteceu?

Eu me sentia cada vez mais confuso e já estava ficando preocupado, quando ele finalmente falou:

— Fabrício, você já ouviu falar em vida após a morte, sobre Allan Kardec ou Chico Xavier?

Achei aquilo muito estranho e respondi:

> O homem não se conforma com os efeitos
> daninhos que provêm de sua alimentação
> pervertida, e procura a todo o custo, fugir à
> sua tremenda responsabilidade espiritual.
> Ramatís (*Fisiologia da Alma*)

– Sim, já. Apesar de nunca ter lido nada a respeito, alguns amigos de meus pais já comentaram sim. Por quê?

– Bem... Você acha que não morreu e que está mais vivo do que nunca, não é?

– Sim, estou muito bem. Sinto-me ótimo, melhor do que antes do acidente. Mas o que o senhor quer dizer com isso?

– Fabrício, se você se sente bem e até melhor do que antes do acidente...

Eu o interrompi um tanto assustado:

– O senhor não está querendo me dizer que eu morri, não é?

– Fabrício...

– Seu Pedro, se estiver brincando comigo, é melhor parar! Estou preocupado com meus pais, com minha noiva e quero sair daqui ainda hoje. Tenho meus animais para cuidar e muito serviço.

– Fabrício, assim está sendo difícil eu transmitir para você uma nova realidade.

Levantei-me da cama e fui até a janela. Lá pude ver um belo jardim, iluminado por um dia ensolarado, e senti uma brisa suave que vinha com o cheiro das flores. Então, afirmei novamente:

– Como o senhor pode ver, estou bem. Quero sair daqui agora. Onde estão minhas roupas?

– Acho que tenho de ser franco, já que você

A Desencarnação dos Animais

Todos os argumentos para provar a superioridade humana não conseguem desmentir este fato: no sofrimento, os animais são iguais a nós.

Peter Singer

não está entendendo. Nós, Fabrício, estamos em outra dimensão, em outra vida. Você desencarnou naquele acidente, e isso já faz algum tempo. Por isso o colocamos para repousar. Sabíamos que não entenderia. Seus pais sofreram muito, assim como sua noiva, mas estão se conformando.

Fiquei em estado de choque e ainda não conseguia acreditar:

– Mas como? Sinto-me bem e... Não, não é verdade! Deve haver algum engano. Só pode ser uma brincadeira...

– Fabrício, lembra-se de Leninha, sua amiga de escola que foi atropelada quando tinha dezesseis anos?

– Claro! Éramos muito amigos.

– Pois bem, eu não a trouxe antes para não assustá-lo, mas ela agora virá visitá-lo. Assim, você terá a prova de que estou falando a verdade.

– Isso só pode ser um sonho, meu Deus! – exclamei em lágrimas.

– Espere, vou buscá-la!

Pedro saiu e logo voltou com minha amiga. Quando ela entrou sorrindo, nos abraçamos e choramos juntos. Então, eu disse, desapontado:

– É verdade mesmo que morri?

– Sim, Fabrício. Mas a morte não existe, trata-se somente de uma passagem para outra vida;

esta em que estamos. Eu também fiquei como você no início. Não entendia nada, mas depois, aos poucos, fui compreendendo a verdade. Hoje, sou feliz e trabalho com crianças que desencarnaram precocemente. Lembra-se de que eu queria ser professora?

Fiquei atônito com tudo o que acabara de ouvir, e mais uma vez nos abraçamos. As lágrimas não paravam de rolar por minha face. Com a voz muito embargada, contei-lhe:

– Leninha, sentimos muito sua falta. Foi muito triste sua partida.

– Eu sei. Também senti muito a falta de todos. No início, fiquei atordoada, mas com o tempo compreendi que aqui, no plano espiritual, estamos em nossa verdadeira morada. A Terra é somente uma escola, um aprendizado.

– Desculpe meu egoísmo em querer falar só de mim, mas eu tinha tantos planos... Não consigo me conformar com a ideia de que estou morto.

– Fabrício, você apenas deixou o corpo físico. Veja como está bem, e numa colônia maravilhosa. Muitos, ao desencarnar, gostariam de vir para cá, mas, por suas atitudes, estão em lugares horríveis, como o Umbral. O espírito é eterno, não morre nunca.

– Mas é tudo estranho demais, Leninha!

– Concordo com você, Fabrício. Para quem nunca leu nada sobre a vida após a morte, é uma surpresa e tanto encontrar aqui uma nova vida e saber que, mesmo estando "morto", ela continua. Quando se está na Terra, ninguém quer partir. Contudo, ao chegarmos aqui, vemos que apesar

A Desencarnação dos Animais

> Não há diferenças fundamentais entre os homens e os animais nas suas faculdades mentais. Os animais, como os homens, demonstram sentir prazer, dor, felicidade e sofrimento.
>
> *Charles Darwin*

da separação somos muito felizes.

– Mas por que morremos tão jovens, se temos ainda tantos projetos para realizar? Isso eu não estou conseguindo entender.

– Com o tempo, você aprenderá muitas coisas. A primeira é que temos débitos a resgatar, mas também temos lindas missões a realizar; e com certeza você terá uma belíssima. Quanto a mim, a missão foi desencarnar ainda jovem. Contraí débitos no passado e tive de resgatá-los. Mas isso, um dia eu lhe conto.

Pedro sorriu para mim e perguntou:

– Sente-se mais tranquilo agora? Sei que tinha muitos planos para realizar na Terra, mas o projeto que temos para você aqui é ainda mais grandioso.

– Então, tive de morrer por causa desse projeto? Isso não é certo!

– Não, Fabrício. Antes de nascer, você já sabia que iria desencarnar dessa forma, pois também tinha contas a zerar. Saiba que ninguém morre antes da hora; isso sempre obedece ao livre-arbítrio. No momento do acidente, você não tinha bebido, não corria; no entanto, sua hora chegara.

– É, Fabrício – disse Leninha –, mais tarde você vai entender o motivo dessa passagem tão

> Um homem só é nobre quando consegue
> sentir piedade por todas as criaturas.
>
> *Buda*

rápida no plano físico.

– Mas eu não queria vir agora. Eu queria me casar, ter filhos, ajudar os animais desamparados. Apesar de perceber o quanto aqui é bonito e que a morte não existe, já que posso me tocar e sentir meu corpo como sentia quando estava na Terra, eu não queria...

– Ninguém está preparado para desapegar-se dos familiares, dos amigos e dos bens materiais que deixa no plano físico; ninguém quer, mas é preciso.

– Ainda continuo sem entender muita coisa; sinto-me um pouco cansado.

– Você se desgastou demais ao saber que se encontra desencarnado, porque não acreditava. Acho melhor voltar a repousar. Faremos com que durma e, quando acordar, se sentirá melhor – disse Pedro.

– Mas antes quero saber sobre meus pais e minha noiva. Como eles estão?

Pedro me fez deitar e relatou sobre eles:

– Todos sofreram muito. Sua mãe se sentiu muito só, já que você era filho único, mas seu pai e sua noiva a confortaram. Nós o fizemos repousar todo esse tempo para que não sofresse, pois sabíamos que você os procuraria, e isso iria lhe fazer mal e também a eles.

Quantas vezes, enquanto o cabrito doméstico lambe as mãos de seu senhor, por quem tomou afeição inocentemente, recebe o infeliz animal a facada traiçoeira nas entranhas apenas porque é véspera de Natal! A vaca se lamenta e lambe o local onde matam seu bezerro. O cordeiro chora na ocasião de morrer.

RAMATÍS (*Fisiologia da Alma*)

— Por quanto tempo estive adormecido?

— Uns dois meses, Fabrício.

— Como pode ser, se parece que foi ontem?

— O tempo aqui não corresponde ao da Terra. Nesta dimensão, o tempo parece que corre mais rápido. Mas um dia, quando estiver mais seguro, poderá ver seus entes queridos.

— Quando?

— Não se preocupe! Você mesmo saberá. Tudo tem seu tempo certo.

Ainda me sentia confuso com tanta informação sobre a nova vida, mas não tinha outro jeito; pelo menos não sofria e estava bem-amparado.

Leninha segurou minha mão e disse:

— Agora tenho de retornar ao meu trabalho. Quando você estiver recuperado, eu volto.

— Não deixe de vir me ver. Estou me sentindo muito só.

— Claro que não! Ainda nos veremos muito. Meu trabalho é aqui mesmo nesta colônia. Você vai ver como ela é bonita. É cheia de jardins e casas muito aconchegantes.

— Onde estamos?

— Em uma colônia espiritual chamada Nosso Lar, acima da cidade do Rio de Janeiro. Se tivesse

> Os animais são meus amigos, e eu não como os meus amigos.
>
> *George Bernard Shaw*

lido o livro ditado por André Luiz a Chico Xavier, teria compreendido melhor a vida após a morte.

— Nunca li nada sobre o assunto. Já tinha ouvido falar de Chico Xavier e de Allan Kardec, mas só pensava em estudar a minha área. Por isso, pouco tempo me sobrava. Meus pais são católicos não-praticantes, mas acho que eles gostam de livros espíritas.

— Bem, agora Pedro vai fazê-lo repousar. Tudo vai ficar bem!

Então, vi Pedro e Leninha conversarem baixinho, enquanto eu caía num sono profundo e sentia uma infinita paz. Não sei por quanto tempo fiquei adormecido. Ao acordar, ele estava ao meu lado e, já mais tranquilo e refeito das novidades, me sentei na cama. Ele me deu um copo de algo muito saboroso, que parecia suco de frutas, e perguntou se eu sentia fome. Respondi que muito pouco. Então, me explicou que aos poucos perdemos essas e outras necessidades. Daí, comecei a perguntar:

— Seu Pedro, agora que me sinto melhor e compreendo mais sobre esta outra vida, mesmo ainda não aceitando minha partida do mundo físico, gostaria de saber como será daqui em diante. Sou tão jovem e não sei o que vou fazer aqui. O senhor, por acaso, sabe o que eu fazia na Terra?

A Desencarnação dos Animais

Primeiro foi necessário civilizar o homem em relação ao próprio homem. Agora é necessário civilizar o homem em relação à natureza e aos animais.

Victor Hugo

– Claro que sei, Fabrício!

– Mas eu gostaria de lhe contar... Vai me fazer bem falar de lá.

– Fico contente em ver que está se sentindo bem mais calmo. Se vai lhe fazer bem falar, será um prazer ouvi-lo.

– Eu me formei há pouco mais de três anos em Veterinária, estava noivo e ia me casar. Trabalhava numa clínica e cuidava de animais. Meu maior sonho era comprar um pequeno sítio e abrigar todos os animais abandonados que pudesse encontrar. Só de pensar nisso fico muito triste. Mas o que posso fazer? Bem, meus pais são pessoas muito bondosas. Por isso, e também por minha causa, tínhamos muitos bichos em nossa casa de veraneio. Eram gatos, cachorros, tartarugas, entre outros; todos recolhidos do abandono. Meu pai é militar e minha mãe, professora. Cresci vendo neles muitas virtudes. Eu era filho único; eles se orgulhavam muito de mim; sonhavam com meu casamento e queriam muito ter netos. Mas agora...

Minha voz ficou embargada, e fiz esforço para não chorar. Pedro, me vendo emocionado, disse:

– Fabrício, é natural que se emocione ao lembrar-se de sua família e dos projetos que tinha. Eu sempre estive ao seu lado e sei de tudo.

Mutilar animais e chamar isso de "ciência" justifica a condenação da espécie humana ao inferno moral e intelectual. Essa repugnante Idade das Trevas da tortura impensada dos animais tem de ser superada.

Grace Slick

Surpreendi-me mais uma vez:

– Sabe? Como? O senhor não foi só me buscar no momento do acidente?

– Não, Fabrício. Estou com você desde o seu nascimento.

– Não estou entendendo.

– Na Igreja Católica, vocês não dizem que os anjos da guarda os protegem?

– Sim, e até rezamos para eles. Mas o que isso tem a ver com o senhor?

– Eu sou seu protetor, Fabrício. Vamos dizer, seu "anjo da guarda". Na verdade, somos guias espirituais incumbidos de ajudar nossos pupilos desde o nascimento até o desencarne. Por isso sei tudo sobre você.

– Então, o senhor sempre esteve ao meu lado?

– Sempre. Nós nunca nos afastamos. Mesmo quando os nossos guiados não querem nossa boa intuição e seguem o caminho errado, estamos presentes para lamentar, pois os espíritos obsessores, adversários de vidas passadas, se aproveitam para atuar.

– Isso quer dizer que o senhor é um ser superior?

– Não, Fabrício. Nós somos imperfeitos ainda, estamos em evolução. Apenas temos um grau

A Desencarnação dos Animais

maior de compreensão do que nossos pupilos, mas teremos também de reencarnar quando nossa missão for cumprida.

– Então, não é como um anjo?

– Não. Apenas fiz a comparação para que você pudesse entender melhor. Todos os que estão na Terra possuem um espírito protetor.

– Mas por que então as pessoas são roubadas e assassinadas? Onde vocês estão nessa hora? – perguntei, mostrando-me curioso e questionador.

– Fabrício, esse assunto é muito complexo para quem desconhece a Lei de Causa e Efeito, o livre-arbítrio e as noções de carma. Nós protegemos e enviamos bons pensamentos aos nossos protegidos, isto é, sinalizamos muitas vezes, a fim de livrá-los de um perigo, mas muitos não nos dão atenção. Se uma pessoa bebe e dirige um carro em alta velocidade, por exemplo, naturalmente estará suscetível a algo muito ruim, não é verdade? Não podemos interferir no livre-arbítrio. O guia tem o dever de intuir seu pupilo a não fazer coisas que o prejudiquem, mas muitas das vezes ele não dá atenção aos bons pensamentos que lhe são sugeridos e age por impulso. Também não podemos interferir no carma de cada um, que é dívida, resgate; é acerto de contas para com a Lei de Ação e Reação. Muito do que acontece de ruim vem daí. Você ainda terá de estudar bastante para compreender todo esse processo.

– É tudo muito novo mesmo para minha compreensão.

– Acho que amanhã poderemos começar os estudos.

Atrocidades não são menores quando ocorrem em laboratórios ou quando recebem o nome de "pesquisa médica".

George Bernard Shaw

– Então, sairei daqui?

– Primeiro você vai conhecer a cidade, que é apenas uma cópia melhorada do que temos na Terra, como disse André Luiz. Verá o Campo da Música, as fontes luminosas, as praças e o aeróbus, um ônibus aéreo. Esta é uma colônia-cidade que dispõe de praças, teatros, hospitais, transportes, escolas, casas e muito mais. Tenho certeza de que ficará encantado. Depois de conhecer tudo, iremos para casa.

– Também tem isso aqui?

– Claro! E são casas como as da Terra, que assumem as características e gostos de seus moradores, podendo ser transferidas para outros familiares quando um de nós reencarna.

– Meu Deus, quanta novidade!

– No livro *Nosso Lar* tudo isso é explicado. É uma pena que muitos ainda desconheçam essa obra de imenso valor. Se a conhecessem antecipadamente, chegariam aqui mais tranquilos em relação à nova vida.

– E não precisariam ficar como eu fiquei, não é?

– Sim, pois saberiam que a vida continua e que encontrariam os parentes que vieram antes, se eles estiverem na mesma sintonia.

– Agora estou me sentindo bem melhor. Aquela aflição de saber que "morri", isto é, que

> O derrame de sangue de animais e aves através de matadouros, frigoríficos e açougues, cuja barbárie "civilizada" gera cruciante carma humano e torna-se a principal fonte de infelicidade terrena. Enquanto o sangue do irmão menor verter tão cruelmente na face da Terra, os espíritos desencarnados também terão farto fornecimento de "tônus vital" para a prática nefanda do vampirismo, obsessão e feitiçaria.
>
> RAMATÍS (Magia de Redenção)

meu corpo físico já não me serve mais, está começando a passar, e sinto uma paz muito grande. Graças ao senhor, que tem me ajudado muito!

– Obrigado, Fabrício, mas essa é nossa missão; para isso é que somos guias espirituais.

– De qualquer forma, estou bem, mas às vezes sinto fome.

– Isso vai passar com o tempo. A Terra está em uma dimensão adequada ao corpo físico, e nós aqui estamos em outra, afim com o corpo espiritual. Por enquanto, você ainda vai sentir algumas necessidades de quando estava no corpo físico, como comer, ir ao banheiro, tomar banho, etc. Com o tempo, aprenderá a controlá-las e a ver que só na Terra elas eram necessárias. Aqui tudo isso é feito de outra forma.

– E meu trabalho? O que farei aqui?

– Quando você reencarnou, há vinte e sete anos, sabia que se formaria em Veterinária e que desencarnaria com essa idade.

– Mas como, se nem me lembro disso?

– É assim mesmo. Imagine se os encarnados soubessem do porquê de sua ida à Terra.

A não-violência nos leva aos mais altos conceitos de ética, objetivo de toda a evolução. Até pararmos de prejudicar todos os outros seres do planeta, continuaremos selvagens.

Thomas Edison

– É, não seria nada bom!

– Você se formou em Veterinária para desempenhar um trabalho muito especial aqui, no plano espiritual. Irá lidar com animais desencarnados e os ajudará muito. Antes, porém, terá de estudar bastante.

– Que tipo de estudo?

– Terá de ler todos os livros de Kardec e outros de Ramatís e Emanuel. São obras valiosíssimas. Terá de estudar a doutrina espírita sistematicamente, até estar preparado para esse trabalho.

– Nossa, seu Pedro, nunca pensei que precisasse estudar o espiritismo para trabalhar com os animais!

– Mas terá, Fabrício. Só assim poderá entender o porquê de tudo o que irá ver, e terá a compreensão do perdão. É um trabalho difícil e mais árduo do que o que você desenvolvia na Terra. Porém, muito gratificante. Um dia vamos poder escrever um livro explicando de que forma acolhemos os animais sacrificados nos matadouros, e como é o desencarne dos répteis, dos insetos, dos peixes, pois até hoje nada foi escrito sobre isso. Esse livro deverá ser transmitido a um médium daqui a uns trinta anos.

– Tudo isso? – exclamei, surpreso.

A Desencarnação dos Animais

Como zeladores do planeta, é nossa responsabilidade lidar com todas as espécies com carinho, amor e compaixão. As crueldades que os animais sofrem pelas mãos dos homens estão além de nossa compreensão. Por favor, ajude a parar com esta loucura.

Richard Gere

– Tudo tem o tempo certo, Fabrício, para você e para o médium escrevente.

– Então, minha missão aqui será esta: cuidar dos animais sofridos e escrever um livro para os encarnados?

– Sim, esta será a sua missão: cuidar dos animais que desencarnam de maneira cruel, e ajudá-los. O livro virá depois, com seu aprendizado. Por isso levará tantos anos para escrevê-lo. Terá de estudar a doutrina e depois cuidar de nossos irmãozinhos. Só assim obterá experiência para narrar tudo.

– Mas trinta anos não é muito tempo?

– No calendário terrestre, sim. Aqui não, trinta anos passam depressa.

Eu estava muito surpreso com tantas descobertas e sentia vontade de aprender cada vez mais. Isso me confortava e me fazia parecer mais vivo do que nunca.

Vesti-me e fomos conhecer a colônia. Ela era linda. As praças eram bem-cuidadas, assim como as áreas verdes destinadas às palestras e ao descanso. As escolas, as fontes luminosas, o Campo da Música, tudo me encantava. Nunca pensei que existisse lugar tão lindo e cheio de paz. Depois

> Matar um animal para fazer um casaco de pele é um pecado. Eles não foram criados para isso, e nós não temos o direito de fazê-lo. Uma mulher ganha status quando ela se recusa a ver qualquer animal ser assassinado para cobrir suas costas. Só então é que se torna realmente bonita.
>
> *Doris Day*

fomos para a casa de Pedro. Ela era confortável, toda mobiliada como às da Terra. Tinha a sala ampla, com sofás, quartos confortáveis com camas e um grande escritório para estudo. Ele me mostrou um banheiro também, caso eu precisasse usar. Mas eu ainda estava intrigado com uma coisa: se havia várias casas lindas, com varanda, jardim na frente, e que podiam ser transferidas para familiares desencarnados, onde estavam os meus parentes?

Ele sorriu, me deu um abraço e revelou:

— Está é a sua casa, meu filho!

Fiquei assustado.

— Como? Não estou entendendo.

— Você foi meu filho em sua penúltima encarnação. Mas ainda não está preparado para saber tudo. Aos poucos, vou lhe contar. Primeiro quero que estude. Sei que deve estar surpreso com essa revelação, mas com o tempo entenderá. Sei também que não tem nenhum parente desencarnado.

— Não. Meus avós ainda estão vivos, e dos outros eu não sei... Minha família é muito pequena.

— Fabrício, quero que descanse, pois o dia foi cheio de novidades. Mais tarde irá receber uma visita.

A Desencarnação dos Animais

> Em cada ato nosso, escolhemos a qualidade do mundo em que queremos viver.
>
> *Hélio Mattar*

– De quem?

– É uma irmã que será sua colega de trabalho. Ela ensinará muitas coisas a você. Sua missão aqui, Fabrício, será muito mais gratificante do que a que teria, se estivesse encarnado.

– Engraçado, desde que o vi pela primeira vez senti pelo senhor um imenso carinho e confiança, como se já o conhecesse há bastante tempo, ainda que não tivesse aceitado facilmente minha nova condição.

– É assim mesmo, meu filho. Com o tempo vou fazer você lembrar-se. Isso se desejar, é claro!

– Mas, se for para sofrer, eu não quero saber de nada.

– Um dia você decidirá se deseja ou não saber sobre o que aconteceu e por que estamos aqui juntos.

Pedro saiu e então descansei. Depois de algum tempo, me levantei e fui olhar o pôr do sol pela varanda. Era belíssimo: ainda mais bonito do que aquele que eu via na Terra; afinal, era o mesmo Sol, visto, porém, de outra dimensão.

Mais tarde, Pedro retornou com uma moça de estatura mediana, muito simpática; devia ter vinte e poucos anos. Seus cabelos castanhos claros, ondulados, iam até a altura da orelha. Ele aproximou-se e disse:

Vivemos um terço do que comemos. Do restante vivem os médicos.

Ditado egípcio

– Esta é Laís, Fabrício, a companheira de trabalho de que lhe falei. Ela vai lhe ensinar muita coisa.

Muito sorridente, ela logo se manifestou:

– Olá, Fabrício, como vai? Será um prazer trabalhar com você.

– Obrigado. Agora estou bem melhor, mas no início foi muito difícil.

– Eu compreendo. Para mim também foi assim.

– Vamos entrar para conversar – interrompeu Pedro.

Então, entramos, nos sentamos, e ele continuou:

– Fabrício, Laís veio conversar sobre sua missão. Ela irá mostrar onde você vai estudar por pelo menos um ano do calendário terreno. Agora, vou deixá-los à vontade, pois tenho coisas a fazer.

– O senhor vai encontrar com Lívio? – perguntou Laís.

– Sim, vou encontrá-lo para avisar-lhe que Fabrício já se encontra entre nós. Mostre tudo a ele! Quanto mais cedo Fabrício começar, melhor.

– Pode deixar, vou fazer com que Fabrício se sinta confiante em sua nova missão.

Pedro saiu, e ficamos conversando:

– Quem é Lívio? – perguntei, curioso.

A Desencarnação dos Animais

33

A verdadeira evolução espiritual começa
com a boca.

Paul Turner

– Lívio é outro colega nosso. Ele está agora
nas esferas mais baixas, a trabalho. Nós três vamos
trabalhar juntos. Mas não se preocupe; afinal, tudo para você é muito novo.

– É, mas eu nunca imaginei que morrer fosse
tão simples.

– Mas não para todos!

– Não?

– Não. Imagine os assassinos e os suicidas,
os que fazem qualquer tipo de tortura, os que roubam, trapaceiam, mentem, maltratam seus familiares ou mesmo os animais. Você acha que eles
estariam aqui, nesta mesma sintonia? Não!

– É... Não seria justo.

– Por isso terá de estudar, Fabrício, para
compreender a Lei de Causa e Efeito e entender melhor o que irá ver nas esferas mais baixas.
Aprenderá que, em vez de sentir ódio por aqueles
que estão maltratando nossos amiguinhos, terá
de mostrar compaixão.

– Mas eles não têm esse sentimento pelos
animais. Sempre senti muita raiva dessas pessoas. Não sei se posso assumir esse trabalho, ou
missão, como vocês falam.

– Por isso tem de estudar. Realmente nosso
trabalho é muito pesado, mas, ao mesmo tempo,
é gratificante.

> Ninguém pode se queixar da falta de um amigo, podendo ter um cão.
>
> *Marquês de Maricá*

– Mas me fale de Lívio.

Ele é muito bondoso com todos e está sempre trabalhando. Tornou-se um grande socorrista. Também foi médico-veterinário, como você.

– E como foi que ele desencarnou?

– Desencarnou em 1956, aos quarenta e seis anos, vítima de um enfarte fulminante. Era casado, tinha dois filhos, mas, apesar de ser um bom esposo e bom pai, era muito ambicioso e, mesmo gostando de animais, às vezes não os trava bem. Não tinha muita paciência e só via lucro em tudo o que fazia. Muitas vezes, recusava atendimento aos animaizinhos de pessoas humildes, que não tinham como pagar. Essas pessoas sofriam ao ver seus amiguinhos doentes, sem que nada pudessem fazer. Quando Lívio desencarnou, foi para o Umbral, e lá ficou por algum tempo. Além de ter usado a Medicina-veterinária só visando ao lucro, ainda tornou-se um suicida.

– Como assim, suicida?

– Ele tinha um histórico na família de doenças cardíacas e, sabendo disso, não se cuidava. Fumava em demasia, alimentava-se de comidas gordurosas e abusava do álcool. Por isso teve enfarte. Usou seu livre-arbítrio de maneira errada, para sua própria destruição. Lá, nessa zona inferior, pôde fazer uma avaliação de sua reencarnação, que foi praticamente perdida em relação ao que ele havia se proposto, além de não ter cuidado de sua vestimenta carnal, ou melhor, de seu corpo físico. O tempo que passou no Umbral o fez modificar-se e tornar-se uma alma nobre e dedicada à causa. Passou então a trabalhar no socorro aos animais abandonados e maltratados pelo homem. Agora precisa transmitir-lhe muita coisa, pois daqui a algum tempo terá de retornar à Terra e você vai ficar no lugar dele.

— Como é que a gente fica sabendo quando tem que reencarnar?

— Isso depende muito. Normalmente, só após intervalos longos, mas há casos de reencarnações imediatas, a depender da necessidade. Não existe um limite estabelecido. Pode ser de horas ou séculos. Mas, quando um de nós deseja reencarnar, vai ao pavilhão de preparação para o renascimento. Depois, vou levá-lo até lá para que conheça. É muito bonito e interessante.

— Mas quando ele vai voltar à Terra?

— Acho que daqui a uns dez, quinze anos, do calendário terreno.

— Ainda falta muito!

— Mas aqui passa rápido. Com o tempo, você se acostumará.

— É, Laís, em tão pouco tempo aprendi tanta coisa!

— E vai aprender muito mais, Fabrício. Perto do Campo da Música, há um salão enorme e muito bonito. Lá estudamos as obras básicas de Kardec, de André Luiz, Ramatís e outros. Todo aquele que deseja esclarecimento sobre a vida espiritual ou

> Se as experiências em animais fossem abandonadas, a humanidade teria alcançado um avanço fundamental.
>
> *Richard Wagner*

trabalho nas zonas inferiores é recebido lá para qualquer esclarecimento.

– Quando começo?

– Amanhã mesmo. Primeiro trarei Lívio para que o conheça, depois o levarei até o Campo da Música e ao Salão Nobre de estudos.

Eu estava me sentindo muito bem e mais tranquilo quanto à minha nova vida, embora ainda sentisse saudades dos meus. Laís então me explicou:

– Tudo ainda é muito recente. Quando estiver preparado, seu Pedro o levará para visitar seus familiares.

– Eu sei, mas vai demorar.

– Eles precisam se recuperar, Fabrício, e você também.

– Seu Pedro já me explicou, mas é difícil.

– Eu entendo, pois também passei por isso.

– Fale de você, Laís. Como foi sua desencarnação?

– Eu não fiz Medicina como você e Lívio. Eu trabalhava com crianças em um orfanato. Um dia, acordamos com um incêndio terrível. Éramos muitas, e tentamos socorrer o máximo de crianças possível. Consegui salvar muitas delas, mas a fumaça me prejudicou. Ainda me levaram para o hospital, mas meus pulmões estavam danifica-

Falai aos animais em lugar de lhes bater.

Leon Tolstói

dos. Tive queimaduras, asfixia e irritação pulmonar. Desencarnei assim que cheguei ao hospital. Não sofri muito. Quando acordei, estava aqui, como você, naquele parque hospitalar.

– E em que ano foi isso?

– Em 1936.

– Já faz bastante tempo! – disse surpreso. – Estamos em 1976.

– É, faz, mas aqui, como você já percebeu, nem parece. Esta era minha missão: salvar aquelas crianças. Eu tinha um débito muito grande a resgatar, Fabrício.

– Como era esse débito?

– Numa outra encarnação, há uns trezentos anos, vivi como homem e era muito rude: saqueava cidades com um bando de homens cruéis iguais a mim, queimava as casas e, consequentemente, muitas crianças morriam. Depois, voltei várias vezes, como mulher, para amparar esses espíritos como mãe zelosa, pois eles me cobravam. Mesmo sabendo do sofrimento por que passa uma mãe, não conseguia sanar esse débito, até que, nessa última, obtive êxito. Depois que estudei o espiritismo e conheci Lívio, fui trabalhar com ele, pois adoro animais.

– Nossa, Laís, como é triste sua história!

– Mais triste, Fabrício, foram os erros que co-

Fabrício

Não podemos ver a beleza essencial de um animal enjaulado, apenas a sombra de sua beleza perdida.

Julia Allen

meti. Paguei ceitil por ceitil, mas ainda falta. Não pense que estou livre de voltar à Terra.

– Cada vez me surpreendo mais.

– Você ainda não viu nada. Por isso terá de estudar para se preparar para essa nova missão. Eu vou deixar com você o livro *Nosso Lar*. Assim, quando chegar amanhã, terá uma noção melhor da colônia.

– É, estou vendo que tenho ainda muito a aprender...

– Todos nós, Fabrício.

Laís despediu-se, e eu fiquei pensando em tudo o que ela me contara: na história de Lívio e na dela. Fiquei imaginando qual seria a minha. Abri o livro e comecei a ler. Em poucas horas, já tinha concluído a leitura e já conhecia a cidade--colônia em que me encontrava. Depois, Pedro chegou e conversamos sobre tudo o que Laís havia me contado.

No dia seguinte, pela manhã, Laís trouxe Lívio. Ele sentou-se ao meu lado, educadamente, e conversamos. Era muito calmo e transmitia muita sabedoria. De estatura mediana, era forte e tinha a pele morena clara. Seus cabelos já grisalhos davam-lhe uma aparência de homem mais velho. Explicou-me que trabalharíamos juntos com os animais que estavam em sofrimento e falou dos

> Não me interessa nenhuma religião cujos princípios não melhoram nem tornam melhores as condições dos animais.
>
> *Abraham Lincoln*

cuidados que dispensaríamos a eles, depois do desencarne. Conversamos longamente sobre o assunto, e eu lhe fiz várias perguntas, ao que ele me respondeu somente as que poderiam estar ao alcance de minha pouca compreensão como recém-desencarnado.

Assim que Lívio se retirou, fui com Laís e Pedro ao salão para estudar. O lugar era muito bonito e tranquilo. Havia vários professores que nos respondiam a tudo que perguntávamos. A biblioteca era ampla. Todas as obras de autores espíritas da época estavam ali.[1] Havia também outras salas com obras literárias de todos os países. Comecei pelas obras básicas de Allan Kardec, de André Luiz e de Ramatís e me preparei para minha nova missão. Nesse período, tentei não pensar em meus familiares e em minha noiva; não que não quisesse, mas para meu bem e o deles. Uma vez ou outra, sentia minha mãe chorar e chamar por mim, mas Pedro me ajudava. Laís e Lívio vinham me visitar, e eu já estava me sentindo outro; apenas a saudade do lar de outrora era muito grande.

E assim passou-se um ano de estudos doutrinários. Já estava bastante familiarizado com

---

[1] Nota do autor espiritual: Hoje, aqui narrando este livro, é o ano de 2009, e todos os livros psicografados se encontram nessa biblioteca; todos, sem exceção.

> Os destinos dos animais são muito mais
> importantes para mim do que o medo de
> parecer ridículo.
>
> *Émile Zola*

tudo, com todos e com minha nova vida. Pela primeira vez, experimentei a capacidade de volitação, pois em Nosso Lar, quando aprendemos o poder da volitação, não precisamos mais do aeróbus. Foi então que tive a grata surpresa de saber, por intermédio de Pedro, que eu já podia visitar meus pais e minha noiva. Abracei-o, radiante de tanta felicidade. Ele, sorrindo, me disse:

– Agora sim podemos ir. Vamos visitar seus pais e sua noiva. Considere-se um professor, depois de tudo o que aprendeu sobre a desencarnação, o amor, a compaixão e o perdão. Agora você está realmente pronto para vê-los, e para seu abençoado trabalho junto com Laís e Lívio.

As lágrimas não paravam de rolar de felicidade e gratidão por tudo o que eu tinha aprendido e pelo tratamento que me fora dado. Agradeci a todos do curso e, abraçando Pedro, lhe disse:

– Obrigado por ter cuidado de mim! Eu cheguei aqui tão revoltado e, graças ao seu amor e à sua paciência, estou em perfeita sintonia.

– Eu sabia que, depois que estudasse, você compreenderia o porquê de tudo.

– Feliz daquele que estuda todas essas obras quando encarnado!

– Mesmo assim, muitos ainda duvidam e cometem erros desastrosos, mas pelo menos têm

> Libertai-vos dos exóticos desejos de assados e cozidos, que, na realidade, não passam de rebotalhos e cadáveres que vos devem inspirar náuseas e aversão digestiva.
>
> Ramatís (*Fisiologia da Alma*)

alguma noção.

– Quando poderemos ver meus pais? – perguntei, ansioso.

– Hoje mesmo.

– Não vejo a hora desse encontro chegar!

– Mesmo sabendo que você está preparado, quero que tenha pensamentos de compaixão e amor a todos. A vibração da Terra é muito densa. Os espíritos que lá habitam e de lá não saem estão acostumados com essa pesada vibração, mas nós não. Eu mesmo tive de vir aqui várias vezes para me refazer, no início de sua reencarnação. Quando fazia isso, deixava um responsável de confiança em meu lugar.

– O senhor realmente foi um bom protetor.

– Todos os protetores são bons, Fabrício. Tem de ser assim, pois abraçamos nossa missão com muito amor. E então, vamos?

– Sim, quero ir agora.

Preparei-me mentalmente, depois de uma prece, e descemos à Terra. Já passava das dezenove horas quando chegamos ao meu bairro, na zona sul do Rio de Janeiro. Deparei-me de imediato com meu antigo porteiro. Ele estava cochilando sentado, e pude perceber sua aflição. Temia perder o emprego por ter faltado alguns dias. Senti compaixão e me veio à ideia de ajudá-lo, mas

Entre a brutalidade para com o animal e a crueldade para com o homem há uma só diferença: a vítima.

Lamartine

Pedro disse:

– Fabrício, você vai ver muita coisa; sua vontade de ajudar será grande, mas não podemos interferir. Ele faltou porque estava fazendo coisas erradas. Veja como a preocupação dele está ligada a suas idas a lugares duvidosos. Veja como pairam sobre sua cabeça pensamentos de arrependimento, junto com as imagens do que fez. Trata-se de um senhor casado, com filhos; portanto, deveria ter refletido antes de agir. Faltou ao serviço para ir a uma casa de prostituição. Agora, teme perder o emprego e ficar desempregado. Veja como está perturbado, mesmo cochilando.

– É, estou vendo. E aquele homem ali, sentado perto dele, é seu protetor?

– Sim, e deve ter desempenhado um trabalho enorme para mudar seus pensamentos, mas, pelo visto, ele não o ouviu.

– É, com certeza!

O protetor de meu antigo porteiro nos cumprimentou e disse que estava fazendo o possível para fazê-lo parar com aquelas saídas noturnas, mas os espíritos que ele havia atraído para si, com aqueles pensamentos, não o deixavam. De fato, havia uns quatro deles rindo, bem próximos, e quando nos viram aproximaram-se dele e o atormentavam: debochavam de nós, fazendo caretas

> Virá o dia em que a matança de um animal será considerada um crime, tanto quanto o assassinato de um homem.
>
> *Leonardo da Vinci*

e gestos. Fingimos que não o víamos e, então, subimos ao meu antigo apartamento. Ao entrar, me emocionei: meus pais estavam sentados à mesa e, calados, pensavam na solidão de suas vidas.

– Você pode abraçá-los se quiser – disse Pedro –, mas esteja com o pensamento voltado ao amor, não à angustia; senão, eles sofrerão.

E assim eu fiz. Pensei no amor que sentia por eles. Primeiro, abracei meu pai, depois minha mãe. Naquele exato momento, eles se lembraram de mim. Minha mãe, emocionada, disse:

– Sempre sinto saudade de Fabrício, mas agora... Foi muito forte.

Meu pai colocou sua mão na dela e disse que tinha sentido o mesmo. Então, ela continuou:

– Um ano já se passou e até hoje não nos conformamos com sua partida. Tão jovem, com tantos planos...

– E ele era tão dedicado ao trabalho. Como amava os animais! Pretendia em breve se casar, ter filhos, e tudo acabou.

– Estou revoltada! Tanta gente ruim vivendo, e nosso filho, que era bom e amigo de todos, morre tão jovem e bruscamente.

Minha mãe fez uma pausa, lembrou-se de minha noiva e falou:

– Lígia ficou de vir aqui amanhã à tarde. Dis-

De todas as espécies, a humana é a mais detestável, pois o homem é o único ser que infringe dor por esporte, sabendo que está causando dor.

Mark Twain

se que me trará uns livros espíritas. Mas não sei se acredito nessas coisas.

Meu pai a acariciou novamente e disse:

– Minha mãe já havia nos dito para ler, lembra-se?

– Sim, mas estava tudo tão recente. Eu não tinha cabeça para nada, muito menos para ler.

– Mas agora acho que seria bom. Se você não acreditar, pelo menos vai conhecer melhor o espiritismo.

– É, acho que sim.

Nesse momento, eu a influenciei com meu pensamento, e ela disse de pronto:

– Acho que vou ler, sim. Vou telefonar para Lígia, pedindo que me traga os livros amanhã sem falta. Agora me deu vontade de ler esses livros!

Fiquei contente em tê-la ajudado. Pedro, então, me disse que era assim que os desencarnados influenciavam os encarnados. Por isso, eles podiam diferenciar os bons pensamentos dos maus. Abracei-os mais uma vez, e saímos. Fomos até o trabalho de minha noiva. Ela estava de plantão na clínica veterinária, e o vigia estava sentado numa cadeira na calçada. Ela lia um livro espírita e, apesar de estar mais magra, parecia bem. Abracei-a e senti muita saudade do tempo em que fazíamos

> Em meu pensamento, a vida de um cordeiro não é menos importante que a vida de um ser humano.
>
> *Mahatma Gandhi*

planos para o casamento. Emocionei-me muito, o que não foi bom, pois ela começou a chorar.

Pedro aplicou-lhe um passe, e Lígia melhorou. Fiquei chateado comigo mesmo. Sabia que esse sentimento poderia prejudicá-la, no entanto, não me controlei. Pedro me disse que muitas vezes fazemos entes queridos sofrer mesmo sem querer. Aprendi mais uma lição. Sabia disso, pois, em meus estudos, eu já havia sido alertado, mas, na prática, tudo é realmente muito difícil. Depois, saímos e fomos ver meus avós maternos e paternos. Respirei aliviado por saber que, apesar de minha partida e da saudade que sentiam de mim, todos estavam bem.

Voltamos a Nosso Lar. Nossa casa ficava perto das áreas verdes de palestra e descanso. De nossa varanda pude ver a lua e o céu lindamente estrelado. Orei e agradeci a Deus por toda a sua Criação, por estar ali, por continuar mais vivo do que nunca, e feliz. Eu e Pedro fizemos uma prece e fomos descansar.

Pela manhã, Lívio e Laís chegaram sorridentes e felizes, pois sabiam o quanto seria importante para mim começar no novo trabalho. Lívio disse, entusiasmado:

— Então, vamos? Quando o servidor está pronto, o serviço aparece!

> Eu não tenho dúvidas de que é parte do destino da raça humana, na sua evolução gradual, parar de comer animais.
>
> *HENRY DAVID THOREAU*

Laís também sorriu:

— Estamos felizes por você, Fabrício. Essa nova missão será muito importante para você.

Curioso, perguntei:

— Mas aonde vamos?

E Lívio me respondeu, afável:

— Vamos à Terra.

Fiquei surpreso.

— Mas o que faremos na Terra?

— Fabrício, na biosfera ficam várias colônias que tratam dos animais desencarnados, pois eles não saem de lá. Nossa colônia fica no Rio de Janeiro e se chama *Celeiro dos Anjos*. Ela é imensa; compreende toda a área da cidade do Rio de Janeiro, que é de mais de 43 mil quilômetros quadrados. Para lá vão todos os animais mamíferos de pequeno e grande porte, pois os insetos, répteis, pássaros e animais marinhos, de rios, lagoas e pântanos ficam próximos ao seu *habitat*, quando desencarnam.

— E por que se chama *Celeiro dos Anjos*?

— Esse nome foi dado por seu fundador, quando os portugueses chegaram a Nosso Lar.[2] Esses espíritos abnegados não eram médicos, mas adoravam animais. Então, Virgilio de Souza, um nobre português, a criou, inspirado na grandeza

---

2 A colônia Nosso Lar foi construída por portugueses que desencarnaram no Brasil a partir do ano de 1500.

A Desencarnação dos Animais

A vivissecção é bárbara, inútil e um em-
pecilho ao progresso científico.

Werner Hartinger

de Nosso Lar. Antes, os animais ficavam vagan-
do sem rumo e, além de sofrerem maus-tratos,
quando morriam ficavam perdidos. É certo que
os índios desencarnados os ajudavam, mas eles
tinham pouca compreensão acerca do desencarne. Esse nome foi dado porque é no celeiro, como
você sabe, que os agricultores guardam os produ-
tos de suas colheitas; portando, onde se guarda
tudo o que é precioso. Como ele considerava nossos amiguinhos como anjos, deu à colônia o nome
de *Celeiro dos Anjos.*

— O nome é muito bonito e sugestivo. E lá é
mesmo bonito?

— É muito! Dispomos de um pasto enorme,
além de centenas de casas que se parecem com
as das fazendas da época imperial, a fim de que
possamos ter certo conforto. Afinal, nosso trabalho
é muito árduo. Temos um dirigente que se chama
Atanael. Ele está na colônia há mais de duzentos
anos, é o chefe-guardião do *Celeiro dos Anjos.* Assim que chegarmos, você vai conhecê-lo.

— E lá também tem aeróbus?

— Não. Todos os que vão para o *Celeiro dos
Anjos* já estudaram, como você, e por isso apren-
deram a volitar. Lá também há momentos de descanso, biblioteca e tudo o mais que precisarmos.
Passamos boa parte do tempo cuidando de nossos

Enquanto o homem continuar a ser destruidor impiedoso dos seres animados do plano inferior, não conhecerá a saúde nem a paz. Enquanto os homens massacrarem os animais, eles se matarão uns aos outros. Aquele que semeia a morte e o sofrimento não pode colher a alegria e o amor.

Pitágoras

amiguinhos, perto de seu desencarne doloroso.

– E depois o que acontece?

– Depois que o animal se recupera do sofrimento que passou, volta a reencarnar.

– Mas isso é muito angustiante: cuidar deles para depois voltarem ao sofrimento. Isso para mim é terrível!

– Sim, essa é a lógica, mas não podemos questionar o que está distante de nossa compreensão. Seria bom demais cuidarmos deles e os deixarmos lá para sempre, mas tudo evolui, Fabrício. Nós mesmos evoluímos.

– Mas somos racionais, sabemos o que estamos fazendo; eles não.

– Concordo com isso; contudo, não podemos questionar os desígnios de Deus. Seria a mesma coisa que questionarmos o porquê de nossa alma vir imperfeita, para depois, por meio de várias encarnações, nos aperfeiçoarmos até chegar a um grau mais elevado. Então, questionaríamos o motivo pelo qual não nascemos logo com ela perfeita.

– É, essa seria uma boa pergunta.

– Seria sim, mas não estamos prontos para saber.

– Então, qual a finalidade do reencarne deles?

Não permitas que ninguém negligencie o peso de sua responsabilidade. Enquanto tantos animais continuam a ser maltratados, enquanto o lamento dos animais sedentos nos vagões de carga não é emudecido, enquanto prevalecer tanta brutalidade em nossos matadouros, todos seremos culpados. Tudo o que tem vida tem valor como um ser vivo, como uma manifestação do mistério da vida.

Albert Schweitzer

– De progresso, Fabrício. Todos os que habitam a Terra e outros planetas têm de progredir.

– Não sei realmente se estou preparado. Imagino que irei ver coisas que me chocarão. Seria bem melhor que eles não reencarnassem mais, pois assim todos teriam de ser vegetarianos.

– Cabe ao homem, Fabrício, aprender isso por si próprio, e não por imposição; senão, ele não evoluiria. De que adianta um pai tirar do filho algo que ele acha impróprio, como, por exemplo, o cigarro, se na primeira oportunidade o filho voltar a procurar pelo vício. Tem de partir de cada um o não-querer, o não-fazer. Chegará o dia em que todos os homens serão vegetarianos por amor aos nossos amiguinhos, e quando esse dia chegar a Terra será um planeta de paz e harmonia com o Universo, não havendo mais guerras, conflitos e tristezas. Então, a Terra se tornará um oásis.

– Mas isso vai demorar muito.

– Vai, mas um dia chegaremos lá.

– Dá até desânimo!

– Não, amigo, se pensarmos assim, não faremos mais nada. Todo o progresso é lento, requer

> Se os matadouros tivessem paredes de vidro, todos seriam vegetarianos. Nós nos sentimos melhores conosco mesmos e melhores com os animais sabendo que não estamos contribuindo para o sofrimento deles.
>
> *Paul McCartney*

tempo, por isso reencarnamos na Terra. Existem milhares de planetas habitados que já passaram por esse processo, e hoje tornaram-se harmoniosos. São verdadeiros lares de paz, harmonia e progresso. Lá os animais de todas as espécies são livres e tratados com igualdade. Ainda chegaremos a esse nível.

Fiquei pensando naqueles planetas e imaginando como seria bom se a Terra se tornasse logo assim. Laís interrompeu meus pensamentos:

– Vamos, Fabrício!

Depois de um longo suspiro, respondi:

– Vamos.

Abracei Pedro, e ele me disse:

– Quando puder, venha me ver. Eu tenho permissão para ir ao *Celeiro dos Anjos* quando quiser, mas sei que estará muito ocupado e não quero atrapalhar. Vou sentir muitas saudades de você.

– Eu também, mas assim que tiver um tempinho livre, venho vê-lo.

Nós nos abraçamos, e eu, Laís e Lívio descemos à biosfera.

Saímos da ionosfera,[3] onde fica Nosso Lar, e

---

3 A Terra possui um campo magnético ativo dividido em sete esferas espirituais que se distinguem por vibrações distintas. Segundo André Luiz, Nosso Lar se localiza na terceira esfera, numa região do espaço correspondente à ionosfera terrestre, entre 85 e

> Quando um homem aprender a respeitar
> até o menor ser da Criação, seja animal
> ou vegetal, ninguém precisará ensiná-lo
> a amar seu semelhante.
>
> *Albert Weintezer*

descemos, mas teríamos de passar pela mesosfera e estratosfera, até chegarmos à troposfera, onde está o Umbral. O calor era intenso, ao mesmo tempo em que ventos congelantes arrastavam uma terra seca. Havia pântanos com árvores distorcidas, cheias de espinhos de aparência desagradável. Lá não havia dia nem noite; o céu era avermelhado e escuro; o ar era sufocante e muito pesado. Ouviam-se gritos alucinantes de muita dor e sofrimento. Lívio e Laís disseram para eu não ficar impressionado, pois ali havia desencarnados que purgavam as consequências de seus atos. Disseram também que, graças à minha conduta na Terra, eu não colhi aquela grande tempestade em minha viagem.

Seguíamos rapidamente, até que chegamos à colônia acolhedora. Respirei aliviado, pois não conhecia o Umbral, mas o pouco que vi me deixou estarrecido.

A colônia *Celeiro dos Anjos* era belíssima, com quilômetros e quilômetros de pasto verde, montanhas muito belas, arborizadas, jardins que encantavam nossos olhos. O céu azul e límpido nos fez orar e agradecer a Deus por tamanha criação. É abençoado o lugar onde ficam nossos irmãozinhos. Os casarões coloridos davam lugar

---

400 km de altitude da crosta.

> Eu não me alimento de carne porque vi carneiros e porcos sendo mortos. Eu vi e senti a dor desses animais. Eles sentem a aproximação da morte. Eu não pude suportar a cena. Chorei como uma criança. Corri para o topo da colina e mal conseguia respirar. Senti-me sufocado. Senti a morte deles.
>
> Vaslav Nijinsky

a uma atmosfera familiar e aconchegante. Ao longe, podiam-se ver vários animais caminhando juntos como irmãos: bois, vacas, cabritos, bodes, cachorros de todas as raças, gatos, porcos, entre outros, embelezavam a paisagem.

A atmosfera era leve e o perfume que vinha das flores era suave. De repente, um cachorrinho veio correndo em minha direção. Assustei-me, pois estava distraído. Ele pulou em cima de mim, e eu vi, então, que era Bolívar, um vira-latas que eu acudira semanas antes de desencarnar. Achei-o na estrada, havia sido atropelado. Cuidei dele, mas Bolívar faleceu pouco depois. Coloquei esse nome nele por causa de outro cãozinho que tivera quando criança. Fiquei emocionado ao ver que ele se lembrava de mim. Chorei abraçado a ele.

Lívio logo me explicou:

– Já era para ele ter reencarnado. Nós o deixamos aqui apenas para você ter uma noção maior do amor e da gratidão que os animais têm por nós.

Bolívar lambia meu rosto, todo feliz por me ver e agradecido por eu ter cuidado dele e aliviado as dores que sentira. Então, perguntei:

– Será que ele pode ficar um tempo aqui comigo?

A Desencarnação dos Animais

> A proteção dos animais faz parte da moral e da cultura dos povos.
>
> *Victor Hugo*

— Pode sim, mas você pouco vai ficar aqui. Nosso trabalho será junto com os encarnados. E depois, você achará um lar para ele. Bolívar reencarnou várias vezes como vira-lata; nunca teve uma família de fato. Agora, reencarnará como um cãozinho de raça.

— Fico feliz por poder ajudá-lo mais uma vez.

— Bem, vamos agora ao casarão azul, onde fica o gabinete de Atanael. Ele já nos aguarda.

O casarão azul ficava logo adiante. Bolívar nos seguiu, abanando o rabinho, sempre ao meu lado. Perguntei se ele podia entrar, e Laís então autorizou.

Entramos no casarão. O ambiente, apesar de simples, era acolhedor, como em Nosso Lar. Os móveis eram idênticos aos da Terra. Havia um enorme sofá azul, de tecido, uma estante com livros e, à frente, uma mesa colonial. Atanael estava sentado diante dela: lia vários relatórios sobre novos matadouros. Laís e Lívio me apresentaram. Ele aparentava cerca de setenta anos, suas feições eram de extrema bondade. Sorridente, levantou-se e, estendendo-me a mão, disse:

— É uma honra termos aqui mais um "anjo".

Sorri pelo "anjo" e apertei-lhe a mão, agradecido. Todos nos sentamos, e ele continuou:

— Vejo que está preparado para seu novo tra-

> Entre cento e trinta e cinco criminosos, incluindo ladrões e estupradores, cento e dezoito admitiram que quando crianças queimavam, enforcavam ou esfaqueavam animais domésticos.
>
> *Ogonyok*

balho. Como já foi informado, Lívio terá de reencarnar daqui a alguns anos e você ficará no lugar dele.

– Sim, e será um prazer trabalhar aqui. Só não tenho certeza ainda de que estou realmente preparado.

– Ficará aqui por algumas semanas até compreender como os animais chegam. Cuidará deles, pois muitos virão com traumas e muitas dores, mas logo verá que se recuperam rapidamente. Temos bálsamos fluídicos que aliviam o fardo pesado que os animais pensam que ainda existe, pois não têm a compreensão do desencarne. Chegam amedrontados, pensando que faremos o mesmo que seus antigos donos. Contudo, assim que damos carinho e abrigo, logo percebem que estão seguros. Aí, então, acalmam-se. Cada animal tem sua alma-grupo.[4] Desse modo, ao desencarnarem juntam-se à sua espécie e os trazemos para cá.

Enquanto Atanael falava, Bolívar abanava o rabinho, deitado aos meus pés. Eu estava tão

---

4 O princípio inteligente no início de seu processo evolutivo, sem a conscientização de seus propósitos, que virá quando alcançar a fase hominal, é conduzido por um princípio orientador, um **princípio inteligente grupal** que atua na matéria permitindo um processo evolutivo através de sucessivas reencarnações. É a esse princípio orientador que denominamos alma-grupo. Mais informações sobre o assunto, consulte a obra *Evolução Anímica*, de Gabriel Delanne, publicada pela **EDITORA DO CONHECIMENTO.**

A Desencarnação dos Animais

> Enquanto estivermos matando e torturando animais, vamos continuar a torturar e matar seres humanos – vamos ter guerra. Matar precisa ser ensaiado e aprendido em pequena escala; enquanto prendermos animais em gaiolas, teremos prisões, porque prender precisa ser aprendido em pequena escala; enquanto escravizamos os animais, teremos escravos humanos, porque escravizar precisa ser aprendido em pequena escala.
>
> *Edgar Kupfer Koberwitz*

emocionado com a presença dele que, não me contendo mais, o coloquei no colo. Logo todos riram ao ver o cãozinho amigo lamber meu rosto. Abracei-o mais uma vez, e disse:

– Obrigado por ter deixado Bolívar aqui todo esse tempo para me esperar. Obrigado por me ajudar, deixando-me aqui por mais um tempo.

– Você é muito humilde. Mostra, com isso, certa graduação espiritual, Fabrício.

– O que é isso, senhor? Sou apenas um aprendiz.

– Um nobre aprendiz que com certeza irá longe. Fico muito contente por tê-lo aqui conosco.

Após conversarmos sobre todos os assuntos, fomos para outro casarão, o verde. Era ali que ficavam colaboradores como eu, Laís e Lívio. Eram mais de cem em nosso núcleo, mas, nesse casarão, havia cerca de vinte núcleos. Todos me cumprimentaram, dando-me as boas-vindas. No quarto em que fiquei havia três camas: uma de Laís, uma de Lívio e outra reservada a mim. Bolívar foi logo dormir debaixo de minha cama. O danadinho sabia, antes de mim, qual delas me fora destina-

> Quando salvamos outras vidas, não só
> nos humanizamos, como provocamos
> esse processo ao nosso redor.
>
> *Thales Tréz*

da. Fiquei impressionado.

Feliz com a nova missão, agora compreendida, adormeci profundamente. Quando acordei, já era noite. Bolívar lambia meu rosto, e eu o abracei. Levantei-me e fui até a varanda. O céu estava lindo, todo estrelado. A lua cheia se fazia presente. Nossa visão do céu era muito mais rica do que a que tínhamos quando encarnados. Lívio e Laís vinham com um grupo de nosso casarão e de outros e me convidaram para ir com eles até uma praça, chamada Praça da Harmonia, que ficava bem ao centro de um grande pasto muito verde. Ali, num círculo em forma de lua cheia, havia um canteiro de flores belíssimas e, à sua volta, cadeiras para quem quisesse assistir ao coral, que contava com vinte colaboradores: é assim que somos chamados entre nós.

Eles cantavam músicas celestiais belíssimas. Eram notas maravilhosas, de harmonia angelical. Havia alguns animais recém-desencarnados. Eram a maioria bois, vacas e porcos, talvez uns cem, mas todos em sua alma-grupo. Tinham chegado da Terra havia três dias e se recuperavam bem: acabaram de sofrer uma morte cruel nos matadouros. Todas as noites, um grupo se revezava, pois os cantos celestiais os acalmavam. Acompanhei-os, e foi muito gratificante. Eles dor-

> Incêndios propositais e crueldade com os animais são dois dos três sinais de infância que sinalizam o potencial de um assassino.
> *John Douglas* – Analista do FBI que estuda o perfil de assassinos.

miam e, quando acordavam, ficavam quietinhos, ouvindo a música como se a compreendessem.

Bolívar, que como sempre nunca se afastava de mim, começou a brincar com um gatinho e um porco enorme. Ri muito e os abracei, comovido. Meu Deus, que cena mais linda de se ver: os animais tão amigos uns dos outros, amando-se tanto! Por que o homem, que é racional, comete tantos erros? Eu sempre amei os animais, mas agora não saberia mensurar a dimensão desse amor por eles.

Estava deslumbrado com tudo o que via na colônia e queria saber mais. Apesar de eles terem sua alma-grupo, misturavam-se entre os outros quando estavam na colônia, mas logo voltavam ao grupo a que pertenciam. Quando a música cessou, voltamos ao nosso casarão para descansar. Então, perguntei a Lívio e a Laís:

– Não vejo aqui répteis, insetos, borboletas, peixes e outros animais.

E logo Laís me explicou:

– Fabrício, aqui só há mamíferos. Esses outros animais ficam próximos de seu *habitat* quando desencarnam, pois o reencarne deles é quase que imediato. Quando você estiver preparado, poderá ver como eles se juntam à sua alma-grupo ao desencarnar. Para ter uma ideia, assim que uma borboleta, ou mesmo uma formiguinha, morre, pode-

Todos os seres vivos buscam a felicidade;
direcione sua compaixão para todos.

Mahavamsa

-se ver pairando acima dela e de outros animais uma espécie de energia vibratória muito sutil, de cor prateada, porém translúcida. Essa energia é levada como se fosse um ímã até seu campo vibratório, isto é, sua alma-grupo. Elas se juntam de tal forma que mais parece uma nuvem prateada vibrando, cheia de vida, e ficam assim por pouco tempo, pois logo são sugadas para renascer. Cada alma-grupo desses insetos, desses répteis e pássaros, é sempre sugada para seu grupo. Por esse motivo, esses animais não saem de lá.

– Mas e os peixes do mar, dos rios e lagos, com eles acontece a mesma coisa?

– Sim, acontece. E é muito interessante, porque, mesmo sendo pescados e muitas vezes morrendo distante de seu *habitat*, eles retornam para lá. Suas energias vão sendo sugadas em direção ao seu *habitat*. Podemos ver, dentro dos oceanos, rios e lagoas, grande quantidade de nuvens brancas, transparentes, como se fossem néons, oriundas das energias sutis dos peixes, moluscos, caranguejos, enfim, tudo o que vive dentro da água, à espera de novos renascimentos. Até um peixinho que vive em um aquário, longe do mar ou do rio, faz esse trajeto. Sua energia vibra sutilmente e vai em direção ao seu *habitat*.

– Eu nunca havia pensado nisso. Então, à

Os peixes têm uma sensibilidade fora do alcance do pescador.

Joan Dunayer

nossa volta existem mil coisas que não podemos imaginar, quando estamos encarnados?

– Sim. As ondas de rádio e televisão passam acima das casas, e ninguém as vê, assim como existem portais para outras dimensões e também ninguém os vê quando eles raramente se abrem.

– Nunca imaginei que pudesse ser assim! E aqui também tem, como em Nosso Lar, uma muralha protetora?

– Temos sim, Fabrício. Como estamos bem abaixo do Umbral, muitos espíritos ligados ao mal tentam entrar para capturar animais, como cães, pois os de lá são plasmados de maneira grotesca e vulgar. Nossas muralhas protetoras têm um campo magnético muito potente, não permitindo que espíritos inferiores adentrem, já que não se encontram na mesma sintonia que a nossa.

– Vi alguns animais em Nosso Lar, como pássaros e borboletas. Como isso se explica?

– Animais de qualquer espécie, em Nosso Lar ou em outras colônias, são plasmados para embelezar e dar ao viajante que chega a sensação de estar em seu antigo mundo. Podemos ver em Nosso Lar muitas crianças brincando com cachorrinhos ou gatinhos. Isso as faz felizes, pois se sentem mais à vontade. As borboletas, os diversos pássaros, as tartarugas, entre outros bichos,

> Os animais dividem conosco o privilégio
> de ter uma alma.
>
> *Pitágoras*

alegram muito todos nós.

– Mas poderíamos, se quiséssemos, levar alguns animais para lá?

– Com permissão do chefe-guardião, até poderíamos, mas com que finalidade? Eles têm de evoluir, e isso não seria correto. Por esse motivo, são plasmados.

Fiquei radiante com a explicação de Lívio. Olhei Bolívar e disse a ele:

– É, meu amiguinho, um dia teremos de nos separar, e vou lhe arranjar um lar muito bom.

Bolívar abanou o rabinho como se me entendesse.

No dia seguinte, fui com Laís visitar diversos pastos. Cada alma-grupo tinha o seu. Primeiro fui ao dos bois: era imenso; lá havia mais de mil animais. Eu andava entre eles e me sentia gratificado. Alguns lambiam minha mão, quando eu os acariciava, outros tremiam ainda de medo. Estes nós recolhíamos para irem a outro lugar perto dali, a fim de receberem tratamento especial: o mesmo tratamento pelos quais os outros já haviam passado. O pasto e a água naquele setor eram fluidificados com bálsamos, a fim de acalmá-los.

Laís me disse que em poucas semanas eles já se sentiriam calmos, prontos para o reencarne.

> Quando me tornei vegetariano, poupei
> dois seres, o outro e eu.
>
> *Hermógenes*

Foi aí que me veio novamente o questionamento do porquê disso. Captando meu pensamento, ela logo me explicou:

— Fabrício, isso já foi explicado a você por Lívio.

— Eu sei, mas esse pensamento é independente da minha vontade. Sei que tudo tem um porquê, mas ainda é difícil eu aceitar.

— Para todos nós também é, mas nada podemos fazer, a não ser amenizar e cuidar deles com todo amor e carinho.

Dali, fomos ao pasto dos porcos, cavalos, vacas, cachorros e gatos, e fizemos o mesmo. Já era de tardezinha, e voltamos ao casarão verde. Chegamos ao refeitório, onde havia uma mesa imensa, nos sentamos e nos foi servido um caldo energético, acompanhado de suco de frutas. O mesmo caldo energético foi dado a Bolívar em um pratinho; ele tomou tudo.

— Lívio foi aos matadouros? – então perguntei.

— Sim. Todos os dias ele e eu vamos até lá. Hoje não fui porque queria lhe mostrar como é o trabalho aqui.

— Você me disse que para cá só vêm os animais mamíferos, mas e as baleias, os botos e os golfinhos? Eles também são mamíferos.

— Sim, mas esses ficam próximos ao mar, como os peixes e seus afins. Formam suas almas-

> A divindade não seria injusta permitindo que o homem dito racional seja feliz enquanto massacrar o irmão menor, indefeso serviçal, pois ele também sente.
>
> Ramatís (Magia de Redenção)

-grupo, como lhe foi explicado, e ficam por lá a esperar o reencarne. O mar, os rios e lagos exercem um magnetismo muito grande sobre eles; por isso de lá não saem nunca, mesmo depois de mortos.

– E os outros mamíferos, como morcegos, ratos, preás, coelhos, lebres, tatus e demais?

– Mesmo sendo mamíferos, também não vêm para cá. Por serem animais de pequeno porte, depois de mortos, ficam perto de seu *habitat*, em sua alma-grupo, como as formigas e outros, tal como já lhe dissemos. Alguns animais se metamorfoseiam, como a lagarta, que se transforma em linda borboleta. Ela nasce como lagarta, mas morre como borboleta. Depois de morta, tem uma forte conexão com esses dois campos vibratórios, de lagarta e borboleta, pois ambas têm a mesma vibração; são dois campos do mesmo conhecimento.

– É por que eles sofrem menos para morrer?

– Sim e não. Todo sofrimento é terrível para qualquer animal, não importando seu tamanho. Estes, porém, não costumam ficar tão traumatizados como os de grande porte. Os bois, as vacas, os bezerros, porcos, cabritos, entre outros, sofrem um desgaste muito grande. O sofrimento deles ultrapassa o de qualquer outro, pois sa-

> Mas sabeis que as poéticas e sugestivas denominações dos pratos, expostas nos cardápios afidalgados, não livram o homem das consequências e da responsabilidade de devorar as vísceras do irmão inferior.
>
> *Ramatís*

bem que vão sofrer e entram em desespero. São, muitas vezes, torturados sem dó nem piedade, e custam a morrer. O interior de um matadouro é algo terrível. O cheiro de sangue é insuportável, assim como as marretadas, os urros dos animais pendurados, que só morrem após dez minutos de total agonia. Seus algozes caminham descalços em cima do sangue espalhado pelo chão. Antes dessa horrorosa agonia, o olhar deles é de tristeza profunda. É um circo de horrores. Isso sem falar nas touradas e na farra dos bois! E as rinhas de galos, então, os rodeios! São tantas maldades!

– Eu tenho vergonha de ter a Terra como meu antigo lar, muita vergonha!

– Todos nós temos, mas estamos em evolução, por isso precisamos reencarnar lá.

– Ainda questiono muitas coisas, Laís, mas não devo falar, pois de nada adiantaria.

– Posso imaginar, Fabrício. Quando aqui cheguei e comecei a trabalhar, me senti muito mal, sabendo que dormia tranquila enquanto isso tudo acontecia. A gente passa a se sentir infeliz, quando sabe de tantas maldades.

– E nada podemos fazer.

– Nada, Fabrício, a não ser amar nossos irmãozinhos e ter compaixão por seus algozes. Por esse motivo é que você teve de estudar durante

> A lei que orienta para não matar não está limitada à proibição do ceifar de vidas entre seres humanos, ela é extensiva aos animais.
>
> *Ramatís* (Jardim dos Orixás)

um ano para conseguir entender melhor os homens e suas maldades. Não podemos sentir ódio deles, e sim compaixão, pois estão em total desalinho com o Universo e sofrerão essas consequências quando desencarnarem.

– Vão passar pelo Umbral?

– Com toda certeza!

– Nossa! Lá é terrível!

– Cada um colhe aquilo que plantou. Ninguém planta batata, e colhe maçã. Cada ser humano é responsável por seus atos. Todos têm livre-arbítrio, e cabe a cada um fazer uso dele para o bem ou para o mal e, assim, criar dívidas ou não.

– E quanto às galinhas, aos patos etc.?

– Eles também vão para sua alma-grupo, logo após serem mortos. Para isso há uma equipe dentro das granjas que cuida deles de outra maneira. Cada granja tem sobre sua edificação física um lugar espiritual, como se fosse um pequeno celeiro, para onde os animais vão depois que são abatidos. É o que acontece com pintinhos machos que são descartados vivos, porque não podem produzir ovos. São todos incinerados em uma espécie de liquidificador gigante, ou enterrados vivos. É tanta crueldade que não será permitido transmitir em seu livro nada do que você verá quando for aos matadouros. Somente poderá

A Desencarnação dos Animais

A grandeza de uma nação pode ser avaliada pela forma como são tratados os animais.

Gandhi

fazer um breve relato das maldades praticadas aos nossos queridos amiguinhos.

– Como médico-veterinário, eu sabia de muitas coisas. Minha intenção era ajudá-los, mas nunca fui a um matadouro. Sempre tive horror a esses lugares. Eu comia carne, como todo mundo. A gente nunca se lembra de que os animais são assassinados.

– Muitos na Terra são pessoas boas, que amam os animais, mas comem carne. Nós mesmos comíamos todos os tipos de carne animal, quando estávamos encarnados. As pessoas acham que não podem fazer nada e pensam: "Os animais já estão mortos mesmo, então por que não comer?". Contudo, se todos disserem não, acaba-se com esse comércio macabro. Seria o fim do "holocausto animal". Mas infelizmente poucos pensam na trajetória do bife para chegar ao prato. E é bom nem falarmos na carne de vitela! A vibração negativa na hora da morte de nossos irmãozinhos é terrível. Eles gritam de dor e de tristeza, e essa vibração toda, altamente negativa, vai para a mesa das pessoas. Já as vibrações dos vegetais, dos legumes e das frutas são harmoniosas e colaboram para a cura de muitas doenças.

– É muito triste, Laís! Muito triste!

– Tudo no Universo está em evolução, Fabrí-

> Quando a última árvore tiver caído,
> quando o último rio tiver secado, quando
> o último peixe for pescado, quando o últi-
> mo animal for morto, vocês vão entender
> que o dinheiro não se compra.
>
> *Nação Cree* (Peles Vermelhas)

cio, e a Terra também. Você leu os livros de Ramatís, *Fisiologia da Alma* e *Magia de Redenção*,
em seus estudos, não leu?

– Sim, e são livros maravilhosos! Ramatís
fala sobre o mal que a alimentação carnívora faz.
Fala do vegetarianismo também e de muitas outras coisas. Fiquei encantado!

– Se todos lessem mais sobre esse assunto,
muitas doenças seriam evitadas e, com o tempo,
o vegetarianismo seria adotado com naturalida-
de. Não condenamos quem consome carne, pois
respeitamos o livre-arbítrio, mas seria bem melhor se mudassem esse pensamento. O diabético
não pode comer doce, e isso não é o fim. Também
deve ser assim com a carne.

– Temos, na Terra, tantos grãos, frutas, ver-
duras e outros alimentos saudáveis!

– Mas ninguém se preocupa com a saúde,
Fabrício. Só quando adoecem. Eles não imagi-
nam que estão ingerindo proteína carregada de
sofrimento. Somos todos irmãos, filhos do mesmo
Pai. Todos nós, inclusive os animais de todas as
espécies e tudo o que habita o planeta, como os
minerais e os vegetais, viemos do elemento inteligente universal.

– A Terra, pelo que vejo, ainda está muito
atrasada.

A Desencarnação dos Animais

Todas as almas têm a mesma origem e são destinadas ao mesmo fim. A todos o Supremo Senhor proporciona os mesmos meios de progresso, a mesma luz, o mesmo amor.

Gênese

– Digamos que ela esteja no curso primário. Apesar de estarmos no ano de 1977 do calendário terreno, desde 1970 já se vê o começo do desmatamento da Floresta Amazônica. Ela possui grande variedade de plantas medicinais que podem ser usadas para curar vários tipos de doenças, de forma saudável e natural. As florestas possuem a maior diversidade de plantas do planeta, como ervas, cipós, cujas cascas, folhas, raízes, entre outras riquezas, precisam ser coletadas e estudadas. No entanto, estão sendo destruídas. Daqui a trinta, quarenta anos, presenciaremos algo devastador.

– É, Laís, elas têm de ser estudadas, porque as plantas e as ervas medicinais, mesmo sendo medicamentos naturais, podem intoxicar, cegar, provocar alergias e até matar.

– Tem razão, Fabrício, por isso são estudadas! E também os índios podem contribuir, porque as conhecem bem.[5]

Fiquei surpreso com tudo o que Laís me falava: nossa belíssima floresta sendo devastada cruelmente pelo homem. Pobres dos animais que lá habitam! Pobres dos animais do planeta! Pobre de nosso planeta!

[5] Nota do autor espiritual: A AIDS e outras enfermidades poderiam ser curadas com plantas, raízes e árvores da Floresta Amazônica.

Não admitir o progresso daquilo que há abaixo do homem seria um contrassenso, uma prova de ignorância e de completa indiferença.

Revista Espírita, março de 1860.

Ficamos conversando por algum tempo ainda e depois fomos descansar. Bolívar sempre me acompanhava. Deitou-se debaixo de minha cama, como sempre, e adormecemos.

E assim as semanas foram passando, e eu aprendendo cada vez mais. Fazia dois meses que estava lá, e já era hora de ir com Lívio e Laís aos matadouros, ajudar nossos irmãozinhos. Contudo, eu teria antes de achar um lar para Bolívar. Ele já estava há muito tempo sem reencarnar. Fui, então, conversar com Atanael para saber de minha ida aos matadouros e sobre o novo lar de meu amiguinho. Ele me disse que Lívio e Laís estariam incumbidos de me mostrar tudo e também ajudariam no caso de Bolívar. Fiquei feliz por meu cãozinho, que encontraria um lar amoroso, mas sabia que a separação seria muito triste para mim. Mas assim teria que ser!

Pela manhã, eu, Laís e Lívio saímos do *Celeiro dos Anjos* em direção aos matadouros, mas com a missão de encontrar nova família para Bolívar. No percurso, Laís me dissera que certa moça criava animais de raça para vender. Apesar de ser contra esse comércio, concordei em ir até lá. Eram cachorros da raça *poodle*.

Ela os tratava muito bem, e os irmãos espirituais sempre estavam por lá para observar. O

> A alma dos animais segue uma linha progressiva como a alma humana. É que, pelo Princípio Inteligente de que são dotados, finalmente estes passarão um dia do reino animal para o reino hominal.
>
> *Espírito da Verdade*

lugar ficava na zona norte do Rio de Janeiro: uma casa grande, mas simples. Ela tinha um filho com problemas mentais, que não andava. O rapaz tinha uns dezesseis anos. Era grande a dificuldade para criar o menino. Como não podia deixá-lo sozinho, fazia esse comércio, que para nós é lamentável, mas pelo menos, os animais eram bem-tratados. A cachorrinha ia entrar no cio e logo ficaria prenha. Concordei em levar Bolívar para reencarnar lá. Voltei à colônia com Laís e, em meus braços, carreguei Bolívar. Ele me lambia o rosto sem parar, como um sinal de que queria se despedir de mim. As lágrimas rolavam em minha face.

Quando chegamos, abracei Bolívar com muito amor e me despedi dele. Fizemos com que adormecesse e o colocamos próximo à cachorrinha que estava sendo preparada para esse fim. Sabíamos que, assim que se formasse o zigoto, ele deveria ser ocupado.[6] Vi três irmãozinhos que também nasceriam junto com Bolívar. Ela teria quatro filhotes. Nossos amigos espirituais colocaram os quatro, adormecidos, para que na hora certa eles ocupassem seus novos corpos. Então eu disse a eles que, quando os bichinhos fossem adotados, me avisassem.

---

6 "A união começa na concepção" (Allan Kardec, *O Livro dos Espíritos*, Q. 344).

> A natureza criou o tapete sem fim que recobre a natureza da Terra. Dentro da pelagem desse tapete vivem todos os animais, respeitosamente. Nenhum o estraga, nenhum o rói, exceto o homem.
>
> *Monteiro Lobato*

Seguimos para um matadouro. A um quilômetro de distância, já podíamos sentir a forte vibração que vinha de lá. Senti-me enjoado e um pouco tonto. Laís e Lívio me prepararam, aplicando-me passes magnéticos, e logo melhorei. Contudo, não entrei, fiquei do lado de fora. As entidades que lá estavam tinham uma aparência horrível. Eram espíritos deformados por baixa vibração. Alguns não possuíam pernas, só cabeça, braços e tronco; o resto era uma massa disforme.

O cheiro que vinha de dentro do matadouro era nauseante. Laís e Lívio entraram, senti que ainda não estava preparado. Os encarnados que lá trabalhavam saíam rindo, contando piadas, sem se importarem com o sofrimento daquelas criaturinhas. Comecei a chorar e a rezar, pois me preparara durante um ano em Nosso Lar para não sentir ódio; no entanto, estava sendo muito difícil. Pude ver que seus guias espirituais ficavam a distância deles, e oravam muito. Pobres guias! Que tarefa árdua a deles com aqueles pupilos! Mas já sabiam que seria assim.

O matadouro era enorme. Muitos homens trabalhavam ali. A maioria tinha à sua volta uma energia muito ruim. Alguns espíritos atrasados os obsediavam e, quando viam que éramos os socorristas, riam e zombavam de nosso traba-

> Embora ninguém possa voltar atrás e
> fazer um novo recomeço, qualquer um
> pode começar agora e fazer um novo fim.
>
> *Chico Xavier*

lho, mas não se aproximavam, pois possuíamos um campo vibratório magnético próprio para ir àqueles lugares, o que os impedia de chegarem perto de nós. Depois de rezar muito e finalmente não sentir mais ódio, entrei. Fiquei horrorizado e quase desfaleci. Lívio e mais outros correram em minha direção, e fui melhorando; a primeira vez é sempre assim para nós.

Os animais recém-abatidos se desligam dos corpos muito traumatizados, enquanto aqueles espíritos horríveis e deformados sugam-lhes a carne recém-abatida. Eles tremiam, debatiam--se, e nós os acalmávamos. Depois, colocávamos todos em sono profundo. Isso durou o dia inteiro, até que o matadouro fechasse, para no dia seguinte tudo começar novamente. Fiquei tão chocado que não tinha palavras a pronunciar. Lá havia apenas vinte trabalhadores como nós, para socorrer tantas alminhas indefesas.

Depois de adormecidos, todos foram colocados na vibração de sua respectiva alma-grupo: havia cabritos, bois, carneiros e porcos. As aves, como já dito, eram levadas por alguns irmãos ao celeiro que ficava acima do matadouro. Graças a Deus, aqueles animais estavam amparados por nós, e ninguém mais iria prejudicá-los. Podia-se ver a energia prateada de cada alma-grupo bri-

> O comer carne é a sobrevivência da maior
> brutalidade. A mudança para o vegetaria-
> nismo é a primeira consequência natural
> da iluminação.
>
> *Leon Tolstói*

lhando intensamente. Com um forte campo magnético, levamos todas para o *Celeiro dos Anjos*,
onde suspirei aliviado. Colocamos as almas-grupo dentro de enormes galpões que ficavam, em
círculos, um ao lado do outro.

Permanecemos com os animais até que acor-
dassem. Todos, sem exceção, ao acordar, pensavam que iam passar por tudo aquilo novamente.
Então nós os acalmávamos, dando-lhes passes e
muito carinho. O próprio galpão possuía uma vibração muito especial. Como éramos muitos na
colônia, dávamos conta de todos. Esse processo de recuperação durava mais ou menos uma
semana. Depois, eles ficavam mais confiantes.
Toda noite havia o coral, e os que já estavam recuperados iam para perto de nós. Mesmo dentro
dos galpões, eles podiam ouvir o canto celestial;
sentiam-se protegidos e se acalmavam. Era triste trazê-los daquele jeito, assim como era triste
levá-los para reencarnar, pois sabíamos que iriam
passar novamente por tudo aquilo. Infelizmente,
essa era a nossa missão e a deles também.

Eu estava exausto e sentia que meu campo
vibratório estava fraco, em decorrência de tudo
o que vira. Então, um grupo que acompanhava
Laís e Lívio me ajudou a recuperar as forças. Re-
pousei, li um pouco e depois fui até a Praça da

> A alma do homem no seu início, na sua
> infância, teve uma série de existências
> que precedem o período que chamamos
> de humanidade.
>
> *Espírito da Verdade*

Harmonia, a fim de desfrutar do canto e da paz daquele ambiente. Pude ver os animais que já tinham se recuperado à nossa volta e me senti gratificado por estar ali. Quando a música acabou, fui ver os animais que havíamos trazido. Estavam todos bem, dormindo mais tranquilos. Oramos ao Pai, agradecendo pelo trabalho e pedindo maior compreensão para com todos os homens que maltratam os animais.

Na colônia, havia um revezamento: uma semana ficávamos tratando dos animais que trazíamos, e outro grupo buscava nos matadouros os que viriam. Quando os que trazíamos se recuperavam, aí então buscávamos outros, e assim por diante. Outro grupo de amigos tratava de levar os que já estavam bem e recuperados para reencarnar. O processo era o mesmo: fazíamos com que adormecessem, e cada alma-grupo era levada em seu campo magnético, para onde reencarnaria. Assim como Laís e Lívio, eu também tinha essa missão, tanto em relação ao desencarne como ao reencarne. Levá-los para o reencarne era menos doloroso, pois não havia dor, mas sabíamos que depois seriam abatidos.

E assim se passaram mais alguns meses. Apesar de ainda sentir muita tristeza ao ir aos matadouros, já não tinha tanta revolta. Eu orava

> Do lado de cá perambulam espíritos desencarnados, tão condicionados ainda aos banquetes pantagruélicos e carnívoros, que rogam à bênção de um corpo físico em troca dos próprios bens do ambiente celestial. Outros há que ainda não se compenetraram do papel ridículo que representam recitando, compungidos, versículos evangélicos em festividades fraternas do espiritismo, ao mesmo tempo em que o confrade serviçal assa o cadáver do irmão inferior, para o cemitério do ventre.
>
> *Ramatís (Tudo que Vive é teu Próximo)*

muito, antes e depois, por todos. Laís e Lívio me disseram que os irmãos que estavam ali há anos não se acostumavam. Ninguém se acostuma com essas barbáries!

Uma manhã fui avisado de que Bolívar reencarnaria. Fiquei feliz por ele. Fui com minha amiga até lá e vi os quatros filhotinhos nascerem. Eram lindos e, pela vibração de empatia que havia entre nós, logo percebi qual deles era Bolívar. Aproximei-me, e as lágrimas rolaram abundantes. O irmão que cuidava deles me disse que já estavam vendidos, mesmo antes de nascerem. Eram quatro famílias boas, com crianças que adoravam animais. Bolívar iria para uma delas. Fiquei muito feliz. Agora sim ele teria com certeza uma reencarnação feliz.

E o tempo foi passando. Eu agradecia todos os dias a Deus pela dádiva de ser útil e continuar a trabalhar com meus queridos animaizinhos. Eram idas e vindas incessantes, mas eu estava curioso para ver as almas-grupo dos peixes e de

> Aquele que matou um boi é como aquele que matou um humano.
>
> *Isaías* (66:3) – (profeta bíblico)

todos que viviam no mar, nos rios e lagos. Prontamente Laís me levou, com a permissão de Atanael, pois não podíamos fazer nada diferente sem a autorização dele. Já Lívio se ocupava mais, porque tinha o comando do grupo que ia aos matadouros. Eu precisava aprender tudo para ficar em seu lugar quando ele reencarnasse.

Então, fomos ver o mar. Escolhemos um lugar onde pescadores lançavam suas redes. Ficamos a observar. Achei horrível e brutal. A maioria dos encarnados pensa que, porque são peixes, eles sofrem menos. Que engano! Eles sofrem muito. A cada ano, a pesca comercial dizima milhares, e a morte não é rápida nem indolor. Quando não morrem esmagados dentro da rede, são estrangulados por elas ou morrem por choque térmico. Nenhum encarnado pode avaliar esse sofrimento. Como os peixes possuem terminações nervosas em abundância, registram muita dor. Quando estão machucados, contorcem-se, ofegam e exibem outros sinais de sofrimento. Quando são pescados e jogados fora d'água, morrem sufocados, com falta de ar. Se o pescador captura algum com arpão, são esfolados vivos. Fiquei observando e achei tão horrível e deprimente como nos matadouros. Eles sentem medo, terror e muita dor. Infelizmente, os encarnados não acreditam na sen-

> Olhe no fundo dos olhos de um animal e, por um momento, troque de lugar com ele. A vida dele tornar-se-á tão preciosa quanto a sua e você tornar-se-á tão vulnerável quanto ele. Agora sorria, se você acredita que todos os animais merecem nosso respeito e nossa proteção, pois em determinado ponto eles nos são e nós os somos.
>
> *Philip Ochoa*

sibilidade dos peixes. Os que são pescados com anzol e devolvidos ao mar por serem pequenos, sofrem as dores do ferimento da boca gravemente dilacerada. Outros, quando são soltos, têm o anzol preso nas brânquias ou até engolido.

Enquanto os pescadores jogavam os pobres peixes no barco, pude ver aquelas pequenas nuvens brancas ao sair de cada um, formando uma nuvem grande prateada. Era a imagem da alma-grupo que logo iria para o fundo do mar, a fim de aguardar novos reencarnes. O mesmo acontece com os peixes ornamentais de um aquário, que sofrem de depressão com o barulho da televisão, o acender das luzes e os gritos das crianças. Fiquei triste com essa nova descoberta. Quando fiz Veterinária, soube disso, mas não atinei para a profundidade dessa informação. Aqui pude investigar e relatar com mais detalhes o que acontece com os peixes. Sobre os matadouros, no entanto, não posso fazer o mesmo, porque é algo tão terrível e monstruoso que não temos a permissão para dar detalhes.

Saímos dali e entramos em uma pequena mata. Laís me mostrou a nuvenzinha pequenina

> Por que os animais devem ser abatidos
> para servir como dieta humana, quando
> existem tantos substitutos? O homem
> pode viver sem carne.
>
> *Dalai Lama*

da alma-grupo das borboletas, das formigas, que era menor ainda, das aranhas, dos mosquitos, que era apenas um pontinho de luz a vibrar, e de outros tantos pequenos animais, cada qual em sua alma-grupo, vibrando como néons à espera de uma nova vida. Também vi os pássaros, e o procedimento era o mesmo. Cada vez que constatava a grandiosidade de Deus, eu orava:

– Pai, abençoai sempre estas doces criaturas! Que elas possam encontrar a felicidade de serem livres, e não maltratadas. Fazei com que o homem se humanize mais e, assim, mude seu pensamento e tenha compaixão por elas. Pai, dai-me forças para prosseguir nesta jornada. Assim seja!

Laís sorriu, me deu um abraço e fomos a um lugar que me pareceu macabro: eram restaurantes que ficavam em frente às praias, onde compravam-se lagostas e caranguejos ainda vivos para que fossem jogados em água fervente. Um verdadeiro terror! Mas isso não é nada: alguns crustáceos eram confinados em água e, em seguida, mortos por descarga elétrica. Eles sofriam os horrores dessa crueldade e, após sua agonia, desencarnavam, juntavam-se à alma-grupo de sua espécie e seguiam em direção ao mar.

– Meu Deus, como a Terra é atrasada! – exclamei; ao que Laís concordou.

Estou farto das oferendas queimadas de carneiros e da gordura dos animais engordados. Não me regozijo com o sangue de touros, ou de cordeiros, ou bodes. Não me trazei mais oferendas. Quando estenderes vossas mãos, ocultarei meus olhos, pois vossas mãos estão cheias de sangue.

Isaías (1:11-15)

Voltamos, então, ao *Celeiro dos Anjos*, encontramos Lívio e relatei tudo o que vira. Ele colocou a mão suavemente em meu ombro e disse:

– Fabrício, meu amigo, nosso trabalho é pesado, mas somos anjos para eles. É isso que compensa tudo o que vemos e sofremos.

– Nunca pensei que iria presenciar tanta coisa ruim.

– Quando o homem entender que somos todos irmãos, isso vai acabar.

Dei um longo suspiro, e fomos descansar. Mais tarde, Laís veio me dizer que eu estava sendo convidado a participar do coral, naquela semana. Prontamente aceitei, apesar de não ter grande voz. Ela sorriu e contou que iríamos cantar várias Ave-Marias, de Schubert, Gounod, Somma, A. Donati, Verdi, entre outras. Adorei o convite, e lá fomos nós.

Acabei me saindo bem. Quando a apresentação terminou, eu, Laís e Lívio nos sentamos na varanda do casarão verde e conversamos:

– Lívio, eu queria saber onde se encontra André Luiz. Durante o ano que passei na colônia, não o vi. Ele ainda está lá? – perguntei.

– Sim, mas, quando não está escrevendo com

A Desencarnação dos Animais

> Não comer carne significa muito mais para mim que uma simples defesa do meu organismo. É um gesto simbólico da minha vontade de viver em harmonia com a natureza. O homem precisa de um novo tipo de relação com a natureza, uma relação que seja íntegra em vez do domínio. Não comer carne simboliza respeito à vida universal.
>
> *Pierre Weil*

nosso querido Chico Xavier, está dando aulas em colônias que ficam em outros estados.

— Todas as outras colônias são tão bonitas como Nosso Lar?

— Sim, pois vibram na mesma sintonia. Um dia você irá conhecê-las.

— Tenho certeza que sim, pois vou aprendendo cada vez mais.

— E assim como o *Celeiro dos Anjos*, Fabrício, há muitas outras colônias iguais em cada cidade. Nelas trabalham mais de duzentos colaboradores em cada núcleo. Só no nosso, temos mais de duzentos, mas, somando-se todos os núcleos que ficam no *Celeiro dos Anjos*, chega-se a mais de dez mil, dependendo de onde esse núcleo esteja localizado. Geralmente, ele é maior perto de matadouros, granjas, estábulos e lugares afins. Sua extensão é enorme. Já pensou em darmos conta de um território como o Rio de Janeiro, que é pouco maior que a Dinamarca? Atanael é uma espécie de governador dessa imensidão, mas tem muitos ajudantes. Somos apenas seus colaboradores.

— E ele já está lá há tantos anos!

— Cerca de duzentos anos, mas terá um dia

> Não creia que os animais sofram menos
> do que os seres humanos. A dor é a mes-
> ma para eles e para nós. Talvez pior, pois
> eles não podem ajudar a si mesmos.
>
> *Louis J. Camuti*

de voltar à Terra, pois sua missão reencarnató-
ria será muito grande. Estará ligada a um projeto
grandioso em relação aos animais.

– Será que esse dia vai chegar, Lívio?

– Esse dia chegará sim, Fabrício. Porém, tudo
evolui gradativamente. Essa evolução terá de vir
primeiro do homem da cidade, que tem acesso à
informação, para depois chegar aos mais humildes, àqueles que moram nos campos, nas florestas e ribeirinhas. Se o homem instruído, que mora
nas grandes cidades, ainda não se deu conta das
atrocidades que os animais passam para alimen-
tá-los, imagine os que ignoram tudo isso!

– Eu, mesmo adorando os animais e vivendo para eles, me alimentava da carne com prazer.
Agora imagine os que vivem em ribeirinhas e nas
florestas!

– Por isso, Fabrício, é que tudo tem de ser
gradual. Essa compreensão terá de vir primeiro
do homem mais esclarecido.Lembre-se de que
uma grande árvore nasce de uma pequena se-
mente. Mas creia, isso não acontecerá tão cedo.

– Não sei como vai ser quando eu escrever
sobre tudo isso que me é revelado aqui.

– Por isso levará uns trinta anos para fazê-lo.
E, mesmo assim, ainda causará polêmica entre os
encarnados. Estamos em 1977 e, mesmo daqui a

A Desencarnação dos Animais

O vapor da carne obscurece a luz do espírito. Dificilmente se pode ter virtude quando se desfruta de refeições e festas com carne.

São Basílio d.C. (320-79)

trinta anos, nada terá mudado. A ciência avançará, a tecnologia também, mas essa compreensão ainda não.

– Seria tão bom se todos se tornassem vegetarianos! Eu mesmo ouvia e lia algumas coisas sobre vegetarianismo, mas, mesmo achando maravilhoso, esquecia quando ia aos restaurantes; depois nem lembrava mais.

– Eu também, Fabrício, por isso estamos sempre evoluindo.

Nesse instante, Laís tomou a palavra:

– Fabrício, se os encarnados pudessem ver quanto sofrimento há na carne que consomem, ficariam horrorizados. Se pudessem ver o que há dentro das linguiças e salsichas, jamais as comeriam.

– Eu sei, mas como seria, então, essa transformação?

Laís prontamente me respondeu:

– Não é fácil. Aquele que tem vontade de mudar terá de começar tirando primeiro a carne bovina, a suína, a caprina, a ovina, a de coelhos, etc. Depois, deve passar para as aves e, em seguida, para os peixes. Aí, então, tem início lentamente o processo de limpeza em seu organismo e em sua aura. Mas quem quer ser vegetariano deve procurar um nutricionista, a fim de evitar carên-

> Animais são criaturas, não propriedade humana, nem utensílios, nem recursos ou bens, mas sim preciosos seres na visão de Deus.
>
> *Andrew Linzey*

cias alimentares.

– A alimentação saudável e sem sofrimento é o maior desafio para o homem. Os famosos perus de Natal são mortos com muita crueldade – disse Lívio. – A noite da véspera do dia em que se comemora o nascimento de Jesus é cheia de dor e sofrimento.

– E como você pode ver, Fabrício, nos matadouros os animais ainda são deixados em jejum, por vinte e quatro horas, e só podem beber água – acrescenta Laís.

– Mas e a soja? Ouvi falar muito dela. Dizem que substitui a carne e é mais nutritiva.

– Nenhum alimento pode ser considerado completo. Mesmo numa alimentação vegetariana deve haver a combinação dos alimentos, a fim de que se obtenha a quantidade de proteínas essenciais à saúde. Portanto, os humanos podem consumir soja, desde que ela seja apenas um dos componentes da dieta, pois não existe um alimento que sozinho possua todos os nutrientes necessários à saúde. É preciso estar sempre atento às indústrias que a processam.

– Cada vez mais compreendo a explicação de Lívio sobre a evolução lenta e gradativa do homem em relação à alimentação carnívora. Fico imaginando como a população das áreas ribeiri-

Todos os animais da Criação são filhos do Pai e irmãos do homem. Deus quer que auxiliemos os animais, se necessitarem de ajuda. Toda criatura em desamparo tem o mesmo direito de proteção.

São Francisco de Assis

nhas e das florestas alcançará esse entendimento, se para nós já é tão difícil.

– Por isso, Fabrício, é que para tudo há um tempo – afirmou Lívio. As populações ribeirinhas são extremamente pobres e não têm acesso à nenhuma informação. Assim como os índios, criam animais e se alimentam de caça, da pesca e de alguns vegetais. Algumas tribos vão mais longe, comem tatus, veados, tamanduás, porcos do mato e até morcego. Como poderíamos imaginar que essas humildes criaturas desinformadas aceitassem não consumir carne? Por isso é que essa transformação tem de começar pelo homem instruído, para que depois, gradativamente, a compreensão chegue a todos. Por isso é que acho que levará um bom tempo para a mudança ser efetivada.

– É bem difícil entender todo esse processo. Só mesmo estando no plano espiritual.

– É, sim, Fabrício. Lívio e eu também chegamos aqui sem saber nada. E ainda há mais coisas para você conhecer.

– Posso imaginar! Eu vi que eles lá aproveitam tudo; nada é desperdiçado.

– Nada. Eles fazem a farinha de sangue, de penas, de vísceras de bois e de galinhas. É um horror! O cheiro é repugnante, e os encarnados acham maravilhoso. Os frigoríficos cheiram mal, tanto na parte material como na contraparte astral. Centenas de espíritos atrasados ficam ali para sugar as energias. As pobres criaturinhas de Deus, mesmo antes de serem abatidas, sentem um terror tão grande que liberam hormônios no corpo, os quais atuam como venenos impregnando a carne. São emanações de terror, sofrimento, dor, sem falar na sensação de serem animais odiados, e não amados como desejavam. Essas terríveis emanações estão no prato de todos aqueles que consomem carne.

– Eu sei, Lívio. Quase desfaleci quando entrei pela primeira vez naquele matadouro, lembra? O que vi lá, com os olhos do espírito, chocaria os leitores. Ainda tenho de aprender muito.

Ficamos conversando até tarde, então resolvemos dormir, para no dia seguinte continuar nossa missão, que, apesar de gratificante, era também sofrida. Muitas vezes sentia saudades de Bolívar, mas ele estava bem. A família que o adotara tinha uma menina de oito anos que o tratava com muito carinho. Bolívar passou a ser uma cachorrinha, linda e travessa. Também sentia muitas saudades de meus pais, dos avós e de minha noiva, mas não queria vê-los, pois sabia que isso me tiraria horas preciosas de trabalho. Estava certo de que eles viviam bem, apesar da saudade que sentiam de mim.

Depois que voltávamos dos matadouros, descansávamos e íamos ao coral na Praça da Harmonia. Isso nos fazia bem, pois nos sentíamos mais leves e tranquilos, depois de ter passado o dia inteiro naqueles lugares macabros. Quando íamos lá, tínhamos de nos preparar com energias apropriadas, para não ser afetados por aquele ambiente pesado e sofrido de matanças. Muitos daqueles espíritos atrasados que sugavam as energias dos animais nem nos viam; ao que eu dava graças a Deus. Orávamos antes de ir e quando voltávamos.

Agora, já fazia mais de seis meses que eu estava na colônia. Tínhamos uma reunião mensal com Atanael, também realizadas na Praça da Harmonia, sempre à tarde, antes do ensaio do coral. Cada reunião contava com no máximo cinquenta colaboradores. Atanael respondia a todas as nossas perguntas, pois muitos estavam lá havia pouco tempo, como eu.

Eu tinha várias perguntas a fazer. Nesse dia, indaguei sobre como ocorria a evolução dos animais, já que eles sempre estavam em sua alma-grupo. Como passariam para um estado mais adiantado, se eu mesmo havia presenciado várias vezes almas-grupo sequer se aproximarem, já que a vibração de cada uma delas era diferente?

Antes de me responder, ele fez uma explanação sobre o homem e o animal.

– O espírito precisa passar por todas as fases de experiência que podem ser obtidas na Terra para evoluir. Mas isso tudo ainda está muito longe de nossa compreensão. O porquê de toda essa trajetória tão longa e sofrida pela qual todos os espíritos têm de passar, inclusive nossos irmãozinhos menores, é um desafio muito grande para aqueles que estão sempre a questionar. Essa resposta eu, infelizmente, não posso dar, pois há coisas que nem mesmo o maior físico da Terra alcançaria. Tanto os animais como o homem, nascem simples e ignorantes e passam por todas as fases de evolução. Assim como evoluímos, o animal também evolui. Na Terra há um atraso moral muito grande, pois os homens sentem prazer em roubar, matar, ludibriar, mentir, entre outras coisas mais, e se satisfazem com isso. Por esse motivo, ela é um planeta de expiação e aprendizado. O homem e os animais estão sujeitos a uma lei progressiva. Ambos têm as mesmas funções em seu corpo: os mesmos órgãos, o mesmo modo de nutrição, de respiração, secreção e reprodução, e sentem dor. Eles nascem, vivem e morrem nas mesmas condições, e seus corpos se decompõem igualmente. Tanto no corpo do animal quanto no do homem, não há um átomo diferente; por isso, quem é cruel com um animal não pode ser um bom homem.

Sabemos quando um homem é bom ou mau, pois a aura é um campo fotográfico. Assim, podemos ver todas as suas virtudes ou maldades. E de nada adianta rezas e dedicação à religião, se, em suas mentes, persistir o mesmo pensamento, pois a única ligação com o Cosmo é o amor. Por isso devemos amar a todos os seres incondicionalmente, inclusive aos animais.

E continuou:

— O homem é aquilo que come. Quanto maior e mais grosseiro é seu alimento, mais grosseiro será seu corpo. Não haverá justiça em nosso planeta enquanto os homens destruírem aqueles que são mais fracos do que eles. Somos os anjos da guarda dos animais; por isso temos de aprender cada vez mais sobre sua desencarnação e como se dá seu processo evolutivo. Como vocês já sabem, a evolução animal ocorre da seguinte forma: há várias almas-grupo de animais de diferentes espécies. Cada alma vibra em consonância com o grupo a que pertence. Quando chega o momento de os animais evoluírem, formam outra alma-grupo com a mesma harmonia. Acontece, então, um processo semelhante ao da fotossíntese. No caso do reino animal, ocorre um processo de transmutação espiritual, em que uma reação vibratória quebra as ligações que dão origem a outra vibração correspondente a um novo corpo. Essa transferência se dá por indução de ressonância, ou melhor, por uma afinidade vibratória, que absorverá a nova alma-grupo. Pode-se dizer que ocorre uma simbiose espiritual, processo que acontece sempre na presença da luz solar. Esse processo de evolução é o mesmo para todos os animais. Já preparados para formarem outra alma-grupo mais evoluída, eles passam por uma região (existem centenas delas à nossa volta) onde existem dois campos magnéticos sutis, nos quais ocorre toda a transformação.

Fiquei um pouco confuso, mas aos poucos fui entendendo melhor,[7] pois Atanael nos expli-

---

[7] Nota do editor: A noção de **alma-grupo** ou **espírito-grupo** é mesmo difícil de entender até para muitos estudiosos. Um exemplo oriental talvez possa nos ajudar a compreendê-la melhor. Dizem os orientais que o espírito-grupo é como a água contida em um balde. Se tirarmos um copo dessa água, teremos representada a alma de um único animal. A água do copo fica temporariamente separada daquela do balde, e toma a forma do copo que a contém. Imaginemos que se coloque nesse copo algo que dê colo-

cou várias vezes. Quando a palestra terminou, descansamos, para em seguida assistir ao coral. Eu, Lívio e Laís ficamos conversando, enquanto aguardávamos, e abordamos algumas dúvidas

rido à sua água, que então fica com uma tonalidade distinta. Essa substância que a tinge representa as qualidades desenvolvidas na alma, temporariamente separada pelas diversas experiências pelas quais passou.

A morte do animal significa recolocar a água do copo no balde, e com isso o colorido se espalha na totalidade da água, que se tinge de leve. Exatamente da mesma forma, todas as qualidades desenvolvidas durante a vida do animal serão compartilhadas com a alma-grupo, após a morte dele.

Seria impossível retirar novamente do balde o mesmo copo d'água; e cada copo retirado a partir de então será tingido pela cor adicionada por aquele primeiro. Se fosse possível retirar do balde exatamente as mesmas moléculas de água, para reproduzir aquele primeiro copo, isso seria uma verdadeira reencarnação. Como isso não é possível, temos a reabsorção da alma temporária do animal no espírito-grupo, e, nesse processo, tudo que foi adquirido na separação temporária é cuidadosamente preservado.

Os copos não são retirados um após outros, mas muitos simultaneamente, em cada balde; e cada um deles traz de volta à alma-grupo sua própria cota de capacidades adquiridas. Assim, com o tempo, muitas capacidades diferentes são desenvolvidas dentro de cada alma-grupo, e naturalmente aparecem como inatas em cada animal que irá renascer dele. Daí resultam os instintos peculiares com que nascem os animais. O filhote de pato, assim que sai do ovo, procura a água e pode nadar sem medo, mesmo que tenha sido chocado por uma galinha, que teme a água e fica extremamente angustiada ao ver sua cria dirigindo-se ao que ela julga ser um perigo mortal. Aquele fragmento da alma-grupo que atua através do patinho sabe perfeitamente, pelas experiências anteriores, que a água é seu elemento natural, e o minúsculo ser obedece sem medo a seu comando.

Enquanto isso, dentro de cada alma-grupo, a tendência cada vez maior à subdivisão continua atuando. É um fenômeno que, embora em plano bem mais elevado, guarda uma curiosa semelhança com o da divisão celular. Dentro da alma-grupo, que podemos figurar como animando uma grande quantidade de matéria do plano mental, aparece uma espécie de membrana mal perceptível, como se fosse uma barreira formada aos poucos dentro do balde de nosso exemplo. De início, a água atravessa em parte essa película; contudo, os copos d'água retirados de cada lado sempre retornam para ele. Portanto, aos poucos, a água de cada lado vai se diferenciando da do outro, e finalmente a barreira vai ficando gradualmente mais densa e se torna impenetrável, até que por fim se tenha dois baldes em vez de um.

Esse processo se repete constantemente, até que, ao chegar nos animais superiores, cada alma-grupo comanda um número relativamente pequeno de corpos. Sabe-se que a individualização, que leva um ser a passar definitivamente do reino animal para o humano, só pode acontecer em determinadas espécies. Ela se dá apenas a partir de animais domesticados, e não de todas as espécies. (Texto extraído da obra *O Homem Visível e Invisível*, de C.W. Leadbeater, reeditada pela **EDITORA DO CONHECIMENTO**.

A Desencarnação dos Animais

que eu tinha. Então, disse a Lívio:

– Você me falou que somente daqui a muitos anos talvez, não tenhamos mais matadouros e granjas. Consequentemente, nenhum animal será mais sacrificado para alimentar o homem. Será que não é tempo demais?

– Fabrício, o primeiro matadouro do Rio de Janeiro foi instalado em 1774, por ordem do vice-rei, Marquês de Lavradio. Ele ficava na praia de Santa Luzia, perto do local onde hoje está situado o obelisco, na atual Avenida Rio Branco. Nessa época, lá não havia casas. Já se passaram mais de duzentos anos. Como você pode perceber, apesar desse tempo todo, nada evoluiu nesse sentido; pelo contrário, só aumentou o número de matadouros. Daqui a trinta anos, quando você escrever seu livro, também nada terá mudado. Por isso, estimo que essa mudança demore bastante. Mas tudo vai depender dos homens e de sua conscientização no decorrer do tempo. Portanto, não há um tempo preciso.

– Acho que estou à espera de um milagre.

– É sempre assim que ficamos quando chegamos aqui. Mas sabemos que para tudo há o seu momento – enfatizou Laís.

– Sim – respondeu Lívio – e prosseguiu:

– Não haverá justiça na Terra enquanto os homens destruírem os mais fracos. Pertencemos todos ao mesmo Pai, porque Deus está em todos nós, inclusive nos animais. A não-violência nos leva aos mais altos conceitos de ética, que é o objetivo de toda a evolução. Os encarnados estão sempre a temer por tudo que desconhecem, inclusive pelo mundo espiritual, pois, em algumas religiões, há sempre o demônio por trás de tudo. O que os encarnados têm de saber é que o que atraem para si se dá por afinidade.

– E é impressionante como o homem trata seu próprio estômago, fazendo dele uma lixeira de restos animais, vísceras, etc. – completou Laís.

– Muitas coisas e muitos pensamentos têm de ser mudados. E a principal reforma, Fabrício, deve ocorrer no íntimo de cada um – disse Lívio.

– Com certeza! – acrescentei.

A tarde foi muito proveitosa e educativa. Depois do coral, fomos descansar. Antes, passamos para ver os animais e fomos dormir. Orei mais uma vez e agradeci a Deus pela bondade e pelo privilégio de estar ali, trabalhando com meus queridos amiguinhos, e aprendendo tanto.

No dia seguinte, começamos nosso trabalho. Fomos a dois matadouros e, como sempre, presenciamos o mesmo quadro de horror. Depois, socorremos alguns animais que desencarnariam num sítio em que os proprietários iriam fazer uma festa. Lá já se encontravam alguns colaboradores de nossa equipe. As pessoas se divertiam, bebiam, enquanto um boi e alguns porcos eram sacrificados. O local em nada se diferenciava dos matadouros. Os animais domésticos nem chegavam perto: gatos e cachorros ficavam apavorados e nervosos. Com certeza pressentiam a energia daquele ambiente pesado e sufocante.

Depois de serem recolhidos ao *Celeiro dos Anjos*, fomos assistir o coral. Em seguida, fui ver os animais que havíamos trazido a uns três dias.

Estavam já mais calmos. Eram porquinhos de vários tamanhos, alguns enormes de tão gordos. Assim que me viram, vieram como se quisessem me agradecer. Ajoelhei-me e abracei cada um. Como eu os amava! Como eu queria que os homens parassem com esse holocausto!

Logo após, fui ao galpão dos bois e fiz o mesmo: abracei-os. Eles estavam bem, e seus olhinhos transmitiam muita ternura. Durante o dia, costumavam ficar pastando, mas à noite dormiam sempre dentro dos galpões. Ninguém precisava conduzi-los; iam por conta própria. Como eram inteligentes! Sempre que o coral terminava, eu ia visitá-los, e eram vários os galpões para diferentes grupos.

Os cachorros eram muito divertidos; pulavam no nosso colo e lambiam nosso rosto, fazendo farra. Os gatinhos também eram interessantes; vinham se enroscar em nossas pernas e miavam baixinho, como se quisessem dizer: "Nós amamos vocês". O galpão dos cavalos, dos touros, cabritos e carneiros, enfim, de todos que estavam ali, era maravilhoso de se visitar, tal a gratidão que os animais nos transmitiam. Era muito reconfortante vê-los todas as noites felizes e sem dor.

O céu estava lindo, todo estrelado. Os colaboradores sempre se juntavam em grupos para conversar e, assim, trocávamos muitas experiências. Alguns já estavam ali fazia mais de trinta anos; para outros, fazia cem; e para mais alguns, como eu, fazia pouco tempo.

Eu era um novato, um aprendiz diante deles, e cada vez queria aprender mais. Então, conversamos sobre os homens que trabalhavam nos matadouros e os que maltratavam os animais, de quem devemos sentir uma piedade profunda e não raiva ou desprezo, pois trata-se de espíritos encarnados ainda em evolução e aprendizagem.

Estávamos eu, Lívio, Laís e mais alguns. Bernardo, o mais velho, estava lá fazia mais de oitenta anos e nos contou que, nesse período, nada havia mudado em relação aos homens que trabalhavam naqueles horrendos lugares. Disse-nos que eram espíritos ainda com um grau muito elevado de atraso moral. Assim, atraíam cada vez mais para perto de si espíritos da região umbralina. Esses espíritos lhes impunham seus desejos, e eles ficavam cada vez mais reféns das vontades alheias. Seus mentores, apesar de estarem sempre por perto a aconselhá-los para que saíssem da tal obsessão que os fascinava, não eram ouvidos. Desse modo, crescia a afinidade com os espíritos trevosos, que passavam a dominá-los.

— Quando esses seres desencarnam, Fabrício, são levados para o Umbral e ficam por lá longo tempo. Seus guias se sentem fracassados em sua missão e, daí em diante, não os acompanham mais. A missão do guia vai do nascimento até a desencarnação. Quando o encarnado é bom e segue a trajetória que se prontificou a trilhar ao reencarnar, aí sim seu guia espiritual o acompanha, como se deu no seu caso – enfatizou.

— Tenho muita pena desses homens, seu Bernardo. Antes de estudar, eu os odiava. Agora, vejo que devemos ter muita compaixão deles, pois ainda vão sofrer muito quando desencarnarem.

A Desencarnação dos Animais

– É Fabrício, e eles carregam uma carga negativa muito grande, tanto que, ao se aproximarem de um encarnado mais sensível, que não vibra na mesma faixa que eles, isso é logo percebido. Aí a pessoa se afasta, pois se sente mal. Quando eles vão para casa carregando todo esse miasma pesado, o lar se torna carregado e logo surgem as brigas, os conflitos e as doenças. Todos os que lá habitam são envolvidos por essa exalação deletéria que emana com o mesmo cheiro dos animais em decomposição. É isso que envolve suas auras e que eles levam para casa. Um dia, vou levá-lo à casa de um deles para que tenha a noção do ambiente pesado em que vivem com as esposas e os filhos.

– Não consigo entender como esses homens conseguem trabalhar em locais assim.

– Para eles é indiferente. São desprovidos de compaixão, piedade e amor. Alguns poucos ainda sentem algum arrependimento. Ficam até perturbados, mas desligam suas emoções e passam a não se importar com nada do que estão fazendo. Para eles, é um trabalho como outro qualquer. Eles têm o cheiro da morte, pois se tornaram assassinos em massa. São, na verdade, máquinas feitas para matar.

– Horrível, seu Bernardo! Horrível e deprimente – eu disse, pensativo. – E muitos encarnados ainda pensam que aves e peixes não sofrem. Imagine!

– As aves sofrem tanto quanto bois, porcos, cabritos, etc. Como você mesmo viu, as galinhas são penduradas de cabeça para baixo e gritam muito. Muitas vezes, não conseguem ser degoladas, o que é um horror! E o que vem a seguir é ainda mais cruel. Até o corte das ovelhas é um sofrimento. Elas ficam com ferimentos e morrem de exaustão e desidratação, em decorrência do calor. São abatidas relativamente jovens, quando sua lã já não tem mais a mesma qualidade. A tosca também é um processo violento. Granjas, matadouros e frigoríficos são, na verdade, um "holocausto animal", e quem os têm e trabalha neles deixa uma conta imensa aberta no Universo.

– E que conta! Deus me livre de um dia ter sido um deles.

– Fabrício, isso tudo faz parte do processo evolutivo, e cabe a cada um essa transformação. O amor e a compaixão para com os seres vivos é uma vitória contra a escuridão – esclareceu Bernardo.

– Eu sei, e o ideal para o homem é cortar todas as ligações com essa sintonia, não comendo carne de nenhuma espécie.

– Cada vez que o homem comprar um produto que está livre de crueldade estará se iluminando.

– Os animais possuem um princípio inteligente, uma alma que lhe é própria; porém, estão em uma fase evolutiva anterior à do homem. Eles evoluem lentamente, e nós somos os responsáveis por sua evolução, pois tudo se encandeia no Universo.

– Quantas coisas preciso transmitir aos encarnados! Já vou começar a anotar todas essas informações para não me esquecer de nada quando for escrever o livro.

– Não se preocupe, Fabrício, durante os próximos anos você vai ficar sabendo tanto quanto nós. Será uma experiência diária. Até lá, já terá todas as respostas e informações. Esse livro será de grande ajuda para a compreensão dos encarnados sobre o sofrimento e a desencarnação dos animais. Muitos, após lerem os seus escritos, passarão a pensar de outra forma. Será uma humilde alavanca para esse progresso – completou Laís.

– Eu vou me esforçar o máximo possível para transmitir tudo de uma maneira simples, que não venha a chocá-los.

– Nós temos certeza disso – afirmou Lívio.

Ainda ficamos ali mais algum tempo a conversar, e um colaborador recém-chegado perguntou para Bernardo como os animais que morriam sozinhos nas estradas ou nas florestas eram socorridos. Bernardo explicou que todos eram auxiliados por espíritos que têm essa missão e que estão sempre a percorrer por toda a parte do planeta, em sintonia com suas colônias correspondentes. Disse que nenhum animal, após sua desencarnação, fica abandonado. E concluiu:

– Nunca se esqueçam de que aquele que planta uma árvore daninha terá problemas mais tarde; por isso, sejamos como o agricultor que só cultiva algo sabendo que a natureza um dia lhe trará frutos.

Já havia se passado doze anos desde que eu ingressara no *Celeiro dos Anjos* e, apesar desse tempo, ainda sofria por ver nossos amiguinhos terem de ir e vir; nada havia mudado nesse sentido. Éramos muitos colaboradores e fazíamos revezamento, pois havia muitos desencarnes durante a noite. E foi em uma dessas noites, quando eu ouvia o coral, que uma cachorrinha linda veio se enroscar em mim. Achei graça, e Laís me disse, sorridente:

— Essa é Pituca, Fabrício. Lembra?

Fiquei pensando, e logo me veio à lembrança a imagem de Bolívar. Abracei-a feliz e emocionado com a alegria de ver meu amigo voltando. Então, Laís me contou:

— Fomos avisados de que ela desencarnaria e queríamos fazer uma surpresa para você.

Agradeci a todos e fiquei abraçando Pituca sem parar. Ela não se lembrava de mim, da encarnação em que era Bolívar, mas sabia que já nos conhecíamos. Fiquei com Pituca por mais algum tempo; depois, tive de levá-la de volta, porque reencarnaria novamente em um bom lugar. Com certeza, eu era o seu anjo da guarda.

Depois foi a vez de Lívio voltar a reencarnar. Eu, Laís e outro colaborador, chamado João, fomos nos despedir dele e assistimos ao seu nascimento. Ele reencarnou em uma família de classe média, seus pais eram pessoas boas. Sua missão era ser médico-veterinário, mas teria de fazer muitas obras em prol de nossos irmãozinhos sofredores.

Fui ver meus pais, meus avós, e estavam todos bem. Em seguida, fui visitar minha noiva. Ela havia se casado com um colega de trabalho e era feliz. Tinha dois filhos e esperava o terceiro.

Fiquei feliz. Apesar de nutrir o mesmo amor por ela, fiquei muito contente por vê-la bem. Abracei-a e, então, ela pensou em mim. Lágrimas brotaram de seus olhos. Em paz, retornei ao meu tra-

A Desencarnação dos Animais

balho. Mas eu, Laís e João, tínhamos de resolver um problema. Como já dito, nossa colônia abrange toda a contraparte etérica da biosfera do Rio de Janeiro, e para cá vêm todos aqueles animais que a habitam, já citados, assim como quem mora no Rio de Janeiro e desencarna, se for uma alma boa, vai para a colônia Nosso Lar, que, como também já foi explicado, localiza-se na altura da ionosfera.

Fomos ver alguns animais e nos deparamos com um casal paulista que havia morrido num desastre de automóvel no Rio de Janeiro. No carro havia dois cachorrinhos: um estava morto, pois, com a batida, ao serem projetados para fora do carro, outro veículo o atropelou.

Os mentores do casal os acudiam, a fim de levarem-nos até um posto-socorrista. Depois, seguiriam para Nosso Lar e, em seguida, seriam transferidos para a colônia Alvorada Nova, localizada em São Paulo.

Um dos cachorrinhos teria de ir conosco para receber tratamento adequado, pois estava muito atordoado. O outro estava vivo, perto do corpinho de seu companheiro. Laís prontamente viu dois meninos de uns doze anos brincando um pouco distantes do acidente e, por suas auras, percebeu que eles gostavam de animais. Então, através do pensamento, fez os garotos irem até lá para verem o acidente. Quando chegaram, sentiram pena do cachorrinho e o levaram embora. Nesse ínterim, chegou uma ambulância. O casal desencarnado foi socorrido por seus guias espirituais, que os conduziram ao atendimento. Eu socorri o animal desencarnado. Cuidamos dele e o levamos ao galpão onde estavam todos os cachorros recém-chegados. Ele logo se recuperou e viveu por lá algum tempo, muito feliz até retornar à Terra em um novo reencarne. Sabíamos que o casal desejaria vê-lo de qualquer forma. Então, ele foi plasmado no posto-socorrista para que se sentissem melhor. Depois, foram levados a Nosso Lar.

Vários anos já haviam se passado; pelo calendário da Terra, era 2003. Eu já estava na colônia fazia vinte e sete anos. Meus avós estavam em Nosso Lar e meu pai também; somente minha mãe continuava encarnada. Eu sempre ia a Nosso Lar visitá-los e ver Leninha e seu Pedro, meu querido guia. Ele me dizia que chegaria uma hora em que eu teria de saber a verdade sobre minha penúltima reencarnação, na qual ele fora meu pai. Eu adiava essa revelação, pois percebia que não ia gostar de algo.

Nesses vinte e sete anos, muitas coisas evoluíram na Terra. A tecnologia surpreendeu os encarnados, com o telefone celular, o computador, a TV de plasma e outras coisas mais, assim também na medicina e na ciência. Mas, quanto ao "holocausto animal" e à natureza, não; tudo só piorou. Diariamente, rios, lagos e oceanos são contaminados com toneladas de resíduos tóxicos que acabarão por eliminar o oxigênio de toda a vida marinha. Os oceanos recebem uma carga enorme de detritos, inseticidas, venenos que podem matar as espécies que vivem em águas mais rasas. E, assim, lentamente o homem está destruindo tudo, o que é uma pena!

Tirei uns dias de férias e fui a Nosso Lar visitar meus avós e meu pai. Eles me receberam com alegria; conversamos bastante. Estavam sempre curiosos, queriam saber tudo sobre os animais. Na medida do possível, eu lhes contava o que podia. Sentiam orgulho do meu trabalho e diziam que eu era muito corajoso por presenciar tantas barbaridades. Eu dizia que era por amor a eles que fazia tudo, qualquer sacrifício.

Depois, fui visitar Pedro, que estava com alguns jovens numa praça, lecionando sobre aspectos da espiritualidade. Quando ele terminou, conversamos:

– Como vai, meu filho? Estou muito orgulhoso de você.

– Obrigado, seu Pedro, mas eu só cumpro meu dever.

– Você cumpre com muito amor, meu filho. Muitos não aguentam ficar lá sequer um mês.

– Eu sei, mas graças a Deus eu consegui.

– Graças a Deus, meu filho! Eu agradeço todos os dias por essa bênção. Tínhamos muitos débitos a resgatar e estamos conseguindo.

– Você quer falar sobre nossa reencarnação, não é?

– Sim, Fabrício. Acho que já é chegada a hora. Já se passaram tantos anos, e você sempre fugindo.

– Eu imagino que não seja nada agradável. Para que saber?

– Você deve saber para dar cada vez mais valor à sua missão. Todos nós erramos, e conhecer nossos erros é muito importante para nos aperfeiçoarmos.

Fiquei calado por algum tempo, e depois disse:

– Está bem. Eu acho que esta é a hora.

Pedro fez uma pausa e começou a contar:

– Há exatamente cento e oitenta anos, nós vivíamos na zona norte do Rio de Janeiro. Não éramos pobres nem ricos, mas éramos ambiciosos. Você era meu filho; sua mãe, doce e meiga, não gostava do nosso trabalho. Eu brigava com ela, impunha as minhas vontades e até coloquei você para trabalhar comigo bem cedo. Ela foi entristecendo e já não ligava para nós dois. Hoje sei que estava errado, mas, na época, não me dava conta disso.

Senti que ele estava dando voltas. Então, perguntei-lhe quase sabendo a resposta:

– Seu Pedro, vamos direto ao assunto principal. Onde nós trabalhávamos?

Ele suspirou longamente e disse em um só fôlego:

– Em um matadouro! Eu era o dono, e você me auxiliava. Eu não os matava, mas você sim, quando faltava algum empregado.

Mesmo já desconfiando, abaixei a cabeça e chorei copiosamente. Ele esperou que eu me refizesse, me abraçou e disse, carinhosamente:

– Fabrício, meu filho, erramos muito, mas já pagamos uma boa parte.

– Como pude ser um deles, meu Deus! E eu, quando conversava com Laís e Lívio, criticava esses homens cruéis.

– Eles sabiam, Fabrício, mas não tinham como tocar no assunto, nem queriam.

– Meu Deus, que vergonha!

– Fabrício, isso já passou, e eles agora sentem orgulho de você. Sabemos que Lívio reencarnou, mas ele, quando estava ao seu lado, sentia em você um grande médico; sabia que era um exemplo para a colônia. Por isso é que não devemos odiar esses homens, meu filho, e sim ter compaixão por eles, pois muitos que estão no *Celeiro dos Anjos* também foram um deles, assim como você e eu.

Eu não sabia o que mais responder, nem o que pensar diante daquela revelação. Então, apenas o ouvi.

– Nossa vida foi muito sofrida. Sua mãe faleceu poucos anos depois que nos deixou. Depois foi minha vez, e você ficou morando sozinho. Então conheceu uma jovem, apaixonou-se e quis desposá-la, mas, assim que ela soube de seu trabalho, desapareceu, com medo. Via em você um assassino. Você se revoltou e descontava nos pobres animais toda a sua revolta. Nunca conseguiu se casar e morreu sozinho, como um cão abandonado, pois ninguém sentia piedade de um matador de animais. A matança que fazíamos era medieval; e ainda hoje em nada ela difere.

Eu estava cada vez mais chocado, não queria saber de mais nada. Percebendo, ele finalizou:

– Fui para o Umbral e lá fiquei anos, sofrendo por tudo o que havia feito. Quando você chegou, eu ainda estava lá. Sofremos por nossos atos cruéis e, apesar do sofrimento, não achávamos que estávamos errados. Por isso é que permanecemos lá por muito mais tempo. O verdadeiro arrependimento só veio depois de longos anos, e então trouxeram-nos para cá. Sua mãe nos perdoou e disse que voltaria como sua mãe novamente para orientá-lo melhor, pois nos havia abandonado. Aqui estudamos e trabalhamos. Então, ela reencarnou para cumprir o que prometeu: orientá-lo e fazer com que você cumprisse sua missão.

– E meu pai e minha noiva? O que têm ambos a ver com minha história?

– Seu pai era um antigo parente de outras encarnações. Sua noiva Lígia era a moça que fugira de você. Se ela tivesse ficado ao seu lado naquela época, com certeza o tiraria daquela vida, pois a amava muito e faria o que ela pedisse. Como fugiu, contraiu um débito, pois tinha prometido, antes de reencarnar, ajudar você.

Quanta tristeza senti ao saber de tudo! Levantei-me do banco onde estávamos sentados, nos abraçamos, e ele disse:

– Perdoe-me, meu filho! Eu era tão ignorante moralmente. Perdoe-me! Por isso fui escolhido para ser seu guia. Eu até poderia levá-lo a uma sala onde você se lembraria de tudo, mas achei melhor não. Agora que sabe do passado, para que reviver essas dores?

– Não, não precisa. Já foi o suficiente o que o senhor me contou, e cada vez mais darei o melhor de mim para apagar essa história de minha lembrança.

– Você tinha de saber um dia.

– Eu sei, mas vou tentar esquecê-la. Fique tranquilo que, apesar de tudo, sinto pelo senhor uma enorme afeição e um imenso carinho.

– Eu sei, Fabrício, e eu também tenho por você o mesmo amor de pai de outrora.

A Desencarnação dos Animais

– Agora preciso ir para a colônia.

– Vá, meu filho, e tente não ficar pensando em tudo o que eu lhe falei.

Abraçamo-nos mais uma vez e nos despedimos.

Ao chegar ao *Celeiro dos Anjos*, Laís já me esperava. Mesmo sabendo que Pedro havia me contado tudo, ela não tocou no assunto. Conversamos e fomos descansar. Pela manhã, voltamos ao trabalho. Eu agora sentia ainda mais compaixão por aqueles homens. Eram pobres infelizes, como eu havia sido um dia. Como eu poderia julgá-los agora? Se antes eu não o fazia, graças aos meus estudos em Nosso Lar, imagine agora que sabia de tudo! Sentia dó, compaixão e piedade, tanto dos animais abatidos quanto deles.

Todos esses anos, não faltei a nenhuma reunião mensal com Atanael. Elas eram cada vez mais esclarecedoras, e, quando eu pensava que já sabia tudo, via que ainda tinha muito a aprender. Todas as noites, eu ouvia o coral e cuidava dos animais recém-chegados. Muitas vezes, íamos com um grupo recolher animais mortos em estradas, em zoológicos, em casas de adoção e onde mais estivessem. Vi mendigos nas ruas cuidando de seus cachorros melhor do que muita gente que mora em casa bonita. A beleza da alma do animal consiste em não se importar com o fato de o dono ter dinheiro ou não. Eles o amam assim mesmo.

Fui conhecer várias colônias, como a Alvorada Nova, que fica em São Paulo, e outras mais. Todas eram muito parecidas com Nosso Lar. Também fui conhecer as que se pareciam com o *Celei-*

ro dos Anjos.

Eu me sinto realizado e feliz por estar aqui fazendo o que mais gosto, que é cuidar de meus amiguinhos, apesar de sempre vir em minha mente a ideia de ter sido alguém que um dia já os maltratou. Quando isso acontece, eu oro e logo esqueço. Hoje, ao escrever enfim este livro, vive-se no ano de 2009. Estou muito feliz e esperançoso de que todos os que o lerem se modifiquem e passem a amar nossos queridos irmãozinhos ou que mudem sua alimentação, pois, além de ser oriunda de grande sofrimento, traz danos à saúde, como o câncer e as doenças cardíacas.

Hipócrates já dizia: "Faça de seu alimento o seu remédio". Que todos mudem seus hábitos, suas atitudes, suas maneiras de agir. Desse modo, tudo mudará ao redor. Diariamente, que se pratique a paciência, a tolerância, a compaixão e a humildade, pois os corações devem estar sempre aquecidos com atos de amor e misericórdia. E nunca se esqueçam de que todos os criatórios de animais são na verdade um campo de concentração.

Fiquem com Deus! Eu amo todos vocês. Ah, e quanto ao Bolívar, ou Pituca, ele sempre volta para mim, sempre com outros nomes, mas volta! Até outra vez, quem sabe!

Fabrício

Cães de ataque, como existem em vários países, nascem mansos e dóceis, como qualquer outro cão. Os homens preconceituosos os treinam desde pequenos para atacarem. Um homem branco, por exemplo, e de péssima índole, treinou cãezinhos para atacar negros. Eles eram levados desde os quatro meses para que fosse agredido por mendigos e viciados em droga. E sempre eram escolhidos homens negros para isso. Eles, querendo ganhar dinheiro e drogas, espancavam os pobres animais que, ao crescerem, viam nesses homens de pele negra seus agressores do passado. Então, atacava-os até matar. Esses animais não tinham nenhuma possibilidade de cura e eram abatidos para não mais matar. De quem é a culpa? Do cão? Foi ele que nasceu ruim? Não! O homem é que, com seu livre-arbítrio e sua crueldade, comete atos bárbaros. Os animais apenas cresciam com medo de serem espancados.

Cachorros *pitbulls*, conhecidos por sua força, impulsão e resistência, podem se tornar agressivos. Eles também precisam ser amados, apesar de sua natureza. A culpa por incitar é somente do homem. Os animais são agressivos pelo fator genético – que influencia muito – e também porque foram treinados para isso. Os cachorros, geralmente, só atacam ou se tornam agressivos quando estão na defensiva, estão com dor, sentem-se ameaçados, estão doentes ou vulneráveis. Os animais, como os humanos, não estão isentos de sentir dor, fome, frio, medo e de ter reveses de mudança de humor. Os animais mansos podem ter esse revés e tornarem-se agressivos, como os homens que também, muitas vezes, são calmos, bons e de repente, por algum motivo, explodem em fúria.

Atanael, chefe-guardião do *Celeiro dos Anjos*

Anexo

Declaração universal dos direitos dos animais

1 - Todos os animais têm o mesmo direito à vida.

2 - Todos os animais têm direito ao respeito e à proteção do homem.

3 - Nenhum animal deve ser maltratado.

4 - Todos os animais selvagens têm o direito de viver livres em seu *habitat*.

5 - O animal que o homem escolher para companheiro não deve nunca ser abandonado.

6 - Nenhum animal deve ser usado em experiências que lhe causam dor.

7 - Todo o ato que põe em risco a vida de um animal é um crime contra a vida.

8 - A poluição e a destruição do meio ambiente são considerados crimes contra os animais.

9 - Os direitos dos animais devem ser defendidos por lei.

10 - O homem deve ser educado desde a infância para observar, respeitar e compreender os animais.

PREÂMBULO:

Considerando que todo animal possui direitos.

Considerando que o conhecimento e o desprezo desses direitos têm levado, e continuam a levar, o homem a cometer crimes contra os animais e contra a natureza.

Considerando que o reconhecimento pela espécie humana do direito à existência das outras espécies animais constitui o fundamento da coexistência das outras espécies no mundo.

Considerando que os genocídios são perpetrados pelo homem e há o perigo de continuar a perpetrar outros.

Considerando que o respeito dos homens pelos animais está ligado ao respeito dos homens pelo seu semelhante.

Considerando que a educação deve ensinar desde a infância a observar, a compreender, a respeitar e a amar os animais.

PROCLAMA-SE O SEGUINTE:

Artigo 1º

Todos os animais nascem iguais perante a vida e têm os mesmos direitos à existência.

Artigo 2º

1. Todo o animal tem direito a ser respeitado.

2. O homem, como espécie animal, não pode exterminar os outros animais ou explorá-los, violando esse direito; tem o dever de pôr os seus conhecimentos a serviço dos animais.

3. Todo animal tem direito à atenção, aos cui-

dados e à proteção do homem.

Artigo 3º

Nenhum animal será submetido nem a maus-
-tratos nem a atos cruéis.

Se for necessário matar um animal, ele deve
ser morto instantaneamente, sem dor e de modo
a não provocar-lhe angústia.

Artigo 4º

Todo animal pertencente a uma espécie sel-
vagem tem o direito de viver livre no seu próprio
ambiente natural, terrestre, aéreo ou aquático, e
tem o direito de se reproduzir.

Toda privação de liberdade, mesmo que tenha fins educativos, é contrária a esse direito.

Artigo 5º

Todo animal pertencente a uma espécie que
viva tradicionalmente no meio ambiente do homem tem o direito de viver e de crescer ao ritmo
e nas condições de vida e de liberdade que são
próprias de sua espécie.

Toda a modificação desse ritmo ou dessas
condições que forem impostas pelo homem, com
fins mercantis, é contrária a esse direito.

Artigo 6º

Todo animal que o homem escolheu para seu
companheiro tem o direito a uma duração de vida
conforme a sua longevidade natural.

O abandono de um animal é um ato cruel e
degradante.

Artigo 7º

Todo animal de trabalho tem direito a uma

A Desencarnação dos Animais

limitação razoável de duração e de intensidade de trabalho, a uma alimentação reparadora e ao repouso.

Artigo 8º

A experimentação animal que implique sofrimento físico ou psicológico é incompatível com os direitos do animal, quer se trate de uma experiência médica, científica, comercial ou qualquer que seja a forma de experimentação.

As técnicas de substituição devem de ser utilizadas e desenvolvidas.

Artigo 9º

Quando o animal é criado para alimentação, ele deve de ser alimentado, alojado, transportado e morto sem que isso resulte para ele nem ansiedade nem dor.

Artigo 10º

Nenhum animal deve ser explorado para divertimento do homem.

As exibições de animais e os espetáculos que utilizem animais são incompatíveis com a dignidade do animal.

Artigo 11º

Todo ato que implique a morte de um animal sem necessidade é um biocídio, isto é, um crime contra a vida.

Artigo 12º

Todo ato que implique a morte de um grande número de animais selvagens é um genocídio, isto é, um crime contra a espécie.

A poluição e a destruição do ambiente natural conduzem ao genocídio.

Artigo 13°

O animal deve ser tratado com respeito.

As cenas de violência de que os animais são vítimas devem ser interditadas no cinema e na televisão, salvo se elas tiverem por fim demonstrar um atentado aos direitos dos animais.

Artigo 14°

Os organismos de proteção e de salvaguarda dos animais devem estar representados em nível governamental.

Os direitos do animal devem ser defendidos pela lei como os direitos do homem.

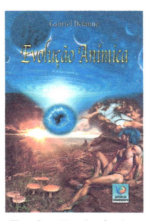

Evolução Anímica
GABRIEL DELANNE
Formato 14 x 21 cm • 240 p.

O espiritismo constitui-se de um conjunto de doutrinas filosóficas reveladas por inteligências desencarnadas que habitaram a Terra. Esses conhecimentos nos ajudaram a desvendar e a compreender uma série de fenômenos psicológicos e psíquicos antes contestados. Portanto, o espiritismo chegou em boa hora, e trouxe consigo a convicção da sobrevivência da alma, mostrando sua composição, ao tornar tangível sua porção fluídica. Assim, projetou viva luz sobre a impossibilidade da compreensão humana a respeito da "imortalidade", e, numa vasta síntese, abrangeu todos os fatos da vida corporal e intectual, e explicou suas mútuas relações. Em *Evolução Anímica*, Gabriel Delanne nos apresenta um generoso estudo sobre o espírito durante a encarnação terrestre, levando em consideração os ensinamentos lógicos do espiritismo e as descobertas da ciência de seu tempo sobre temas como: a vida (entendida organicamente), a memória, as personalidades múltiplas, a loucura, a hereditariedade e o Universo. E nos afirma categoricamente que ela (a ciência), embora ampla, não basta para explicar o que se manifesta em território etéreo, mas terá de se render cedo ou tarde.

Embora antiga, *Evolução Anímica* é indiscutivelmente uma obra tão atual que subsistiu ao tempo e à própria ciência, tornando-se uma pérola que vale a pena ser reapresentada ao público através desta série *Memórias do Espiritismo*.

O Homem Visível e Invisível
C. W. LEADBEATER
Formato 14 x 21 cm • 128 p.

Desde a mais remota antiguidade, foi ensinado pelos instrutores da humanidade que o homem possui outros veículos de consciência que vão além dos corpos físicos. Contudo, a excepcional faculdade de clarividência e o vasto conhecimento do estudioso inglês C.W. Leadbeater nos permitiram ter acesso a um dos mais completos estudos – senão o melhor – , sobre os corpos invisíveis do homem, sua aparência, sua constituição, bem como as modificações neles processadas no decurso da evolução humana.

Mesmo autor de *Formas de Pensamento*, Leadbeater alicerça este estudo descrevendo os diversos planos da existência e sua correlação com os corpos do homem. Analisa de forma lúcida a visão clarividente; mostra como se efetua o magno processo da criação, as três emanações divinas e o surgimento e a evolução do espírito humano. Acrescenta ainda um extraordinário capítulo sobre as almas-grupo dos animais, descrevendo tão magistralmente o seu processo de individualização que nem mesmo aos leitores iniciantes restará qualquer dúvida.

Valendo-se de suas ricas observações obtidas pela visão mais elevada, Leadbeater descreve os veículos internos do homem e os efeitos neles causados pelas mais diversas emoções, analisando o significado das cores impressas na aura da saúde. Com clareza e precisão didática, detalha como se apresentam à visão clarividente os corpos do homem primitivo, do homem comum, do evoluído e do iniciado – a tudo ilustrando com imagens coloridas altamente instrutivas.

O Homem Visível e Invisível é uma daquelas obras fundamentais, indispensáveis a todos os interessados pelo lado oculto da vida e da constituição interna do homem, por sua riqueza de informações e valiosas imagens que servirão para amplo estudo.

Tudo que vive é teu próximo
C. W. LEADBEATER - RAMATÍS - GANDHI - MARILÉA DE CASTRO
Formato 14 x 21 cm • 128 p.

Longe de ser apenas uma alternativa alimentar, o vegetarianismo faz parte das alterações urgentes que se impõem aos cidadãos da Nova Era.

"A base do meu vegetarianismo não é física, mas ética", afirmava Gandhi, um dos autores dos quatro textos que compõem esta obra. A sua filosofia da não-violência nos confronta com a incoerência que constitui pregarmos a paz enquanto destruímos vidas, desnecessariamente.

C. W. Leadbeater, um dos pilares da Teosofia, descreve os efeitos energéticos desapercebidos que sobrecarregam as cidades modernas de energias de violência e depressão, com repercussões terríveis sobre os seres humanos, sobretudo crianças, e analisa as conseqüências, do ponto de vista oculto, da alimentação que, por desconhecimento, a humanidade ainda prefere conservar.

Um texto clássico de Ramatís, o conhecido mestre oriental, desvenda o verdadeiro mecanismo produtor das guerras e o substrato que se oculta por trás do domínio das Sombras sobre a humanidade, e que é de interesse de seus líderes conservar oculto para a consciência dos encarnados.

M. de Castro analisa as causas, nunca mencionadas, da fome do planeta e noticia as pesquisas mais atuais sobre as patologias do câncer, as associadas à terceira idade, a reposição hormonal e os distúrbios climatéricos. A posição dos espiritualistas e espíritas diante da alimentação e em face das Leis Maiores é examinada, incluindo a insofismável diretriz kardequiana que poucos têm a coragem de admitir.

Os Pássaros não Dizem Adeus
JANETE MARIE MONTEIRO FIGUEIREDO
Formato 14 x 21 cm • 128 p.

Grande parte da humanidade ainda receia a passagem pelas portas libertadoras da chamada morte: como pássaros engaiolados, temem deixar a prisão limitadora da matéria para alcançar a amplidão da vida maior, a exemplo de Frederico, o pássaro da fábula que inicia este conjunto de depoimentos verídicos sobre a realidade do Além.

Poderia ser uma coletânea de contos, mas, na realidade, são histórias de diversos espíritos que narram sua chegada ao outro lado da vida, nas mais diversas condições, reflexos da semeadura cármica das últimas existências na matéria.

É também um desfile da galeria das paixões humanas. O médico nazista, o rico, o mendigo, a moça que cuidava de gatos, o operário do matadouro, o índio da Amazônia, a jovem tetraplégica, o general e o soldado, retratam na diversidade de experiências e relações o rol dos afetos, temores, viciações e fraquezas que tecem a condição humana neste planeta.

Em cada história reencontramos os fascinantes mecanismos sábios da Lei Cármica, que permite a cada espírito transmutar, na oficina dos séculos, todas as imperfeições em degraus de subida para os grandes vôos da alma, o que torna esta obra, de fácil e prazerosa leitura, um aprendizado objetivo sobre a realidade da vida imortal.

A Morada do Filho do Sol
DANIEL MEUROIS-GIVAUDAN
Formato 14 x 21 cm • 352 p.

O rio do tempo permite a alguns raros viajantes cruzarem sua correnteza na contracorrente da história dos homens, e de lá trazerem à tona memórias esquecidas, vidas que foram suas e de outros.

Daniel Givaudan é um desses viajantes do tempo. Suas antenas psíquicas são daquelas que permitem viajar ao passado e resgatar, como neste extraordinário relato de milênios findos, histórias que guardam o frescor e o realismo de quem as viveu. E ele o faz num estilo envolvente e lírico, que nos imanta desde as primeiras linhas e transporta com ele às velhas paragens da antiga Síria, e sobretudo às margens do Nilo – onde revive nada menos que sua existência como médico na corte do faraó Akhenaton. E é a odisséia do grande Filho do Sol que ele faz reviver, erguendo das brumas dos milênios, intacta e luminosa como o disco solar sobre a antiga Terra de Kem. Não apenas um relato externo, com aventuras, paixões, descobertas e embates entre homens e visões, mas a dimensão espiritual, profunda, da luminosa revolução, inédita no planeta, daquele que é chamado de o primeiro monoteísta da História.

Nesse contexto, as aventuras de Nagar-Thet, o médico e instrutor de almas, seus amores e trajetória em busca da luz interior, voltam a viver em uma narrativa sedutora, que transporta o leitor a cada cena em pleno Egito antigo – um mergulho no rio do tempo.

A DESENCARNAÇÃO DOS ANIMAIS
foi confeccionado em impressão digital, em junho de 2025
Conhecimento Editorial Ltda
(19) 3451-5440 — conhecimento@edconhecimento.com.br
Impresso em Luxcream 80g - StoraEnso